120 bis (bis)

LES
JOLIES FILLES.

Imprimerie de A. BELIN,
Rue Ste.-Anne, 55.

LES
JOLIES FILLES

PAR

MM. E.-L.-B. de Lamothe-Langon
et Touchard-Lafosse.

TOME II.

CHARLES LACHAPELLE, ÉDITEUR,
75, RUE SAINT-JACQUES.
—
1834.

VIII.

La Maladie.

S'il est trop hardi d'avancer que la prostitution d'une courtisane soit souvent de la bonté mise à profit par l'intérêt, on peut affirmer, du moins, que rarement une femme galante montre des inclinations méchantes; tandis qu'en général les créatures de cette classe sont généreuses, charitables et promptes à secourir l'adversité. Béranger l'a fait dire, en bien jolis vers, au portier céleste, saint Pierre, par une jolie danseuse de l'Opéra.

Madame de Saint-Amaranthe, à part ses hérésies sur l'honneur, à part surtout l'application qu'elle en faisait dans ce qu'elle appelait son *établissement de bienfaisance*, pouvait passer pour une excellente femme. Personne, sur la paroisse de Saint-Jean-de-Latran, ne donnait plus aux pauvres, par l'entremise du curé; et jamais cet honnête ecclésiastique ne se récria contre l'impureté des écus provenant de cette source. Du reste, la dame entretenait chez elle un régime véritablement philantropique, indépendamment encore du but de l'institution. Les pensionnaires avaient, dans le prix de *leur tra-*

vail, une part beaucoup plus forte que leur directrice; et nul banquier ne faisait tenir plus régulièrement que madame de Saint-Amaranthe les comptes ouverts de son exploitation. Chacune des demoiselles avait le sien : on le balançait tous les mois; puis le produit en était versé dans une caisse destinée à subvenir aux besoins de la pensionnaire, lorsqu'elle prenait *sa retraite*. On a vu plusieurs beautés émérites quitter le harem Taitbout avec trente mille francs; il faut convenir que, relativement à l'importance et à la nature de la mise de fonds, c'était sortir fort heureusement des affaires.

Quelquefois, certains artisans, alléchés par l'avoir métallique des subordonnées de notre directrice, et philosophiquement insoucieux sur l'avoir fugitif qu'elles avaient perdu, poussaient une demande de mariage rue Taitbout; rarement elle était rejetée :

madame de Saint-Amaranthe savait que jamais les recrues ne manqueraient à sa tendre légion. Elle accordait donc volontiers des congés ; pensant, comme M. le maréchal Soult, qu'elle pouvait dédaigner les vieux services... Mais on l'a vu, plus juste que l'excellence, elle savait, au moins, les récompenser....

Quoique Léontine ne comptât point encore parmi les pensionnaires de madame de Saint-Amaranthe, elle la fit soigner comme sa propre fille, dans la maladie qui suivit l'événement du cabinet. Dailleurs, il faut bien vous habituer à lire que l'orpheline inspirait la plus vive passion à cette courtisane. Huit jours entiers, notre héroïne fut en danger, et, pendant huit nuits, elle n'eut pas d'autre garde que la directrice. Celle-ci, outre sa bienfaisance et son amour, s'adressait secrètement quelques reproches sur le système de séduction, contraire à son usage, qu'elle avait exercé envers Léontine; ne se trouvant plus assez excusée par l'ardeur de ses feux, en voyant celle qui les inspirait aux portes du tombeau... Sous l'empire du remords, madame de Saint-Amaranthe forma des projets presque sages qui, comme toutes les promesses faites pendant le danger, devaient peut-être s'évanouir avec la terreur qu'il avait causée.

Enfin, le soir du huitième jour, les médecins (car il en avait été appelé plusieurs) répondirent de la malade. Dès qu'elle eut repris sa connaissance, la directrice s'efforça de la rassurer sur son avenir, et lui jura que, dans tous les cas, elle demeurerait maîtresse de sa volonté. Cette assurance hâta la convalescence de l'orpheline; mais, durant huit nuits encore, madame de Saint-Amaranthe resta auprès d'elle, couchant tout habillée sur un pliant, qu'elle avait fait placer dans sa chambre.

Une sollicitude si expansive avait calmé les ressentimens de Léontine : la rancune tient peu de place dans un bon cœur. Un soir, s'étant emparée d'une main de sa garde fidèle, elle la pressa sur son cœur. Un doux frémissement parcourut les membres de la courtisane.

— Est-il bien vrai, Léontine, que tu ne m'en veux plus?

— Non, madame : vous aviez compromis ma vie ; mais les soins touchans par lesquels vous l'avez rachetée m'ont tout fait oublier....

— Je te le répète, bien-aimée, je respecterai ta volonté quand même tu m'ordonnerais de réprimer le brûlant amour que tu m'inspires.

— Ah! si vous m'aimez, ne me livrez

pas à ces hommes qui nous déshonorent et nous méprisent....

— Jamais... Je suis une amie trop exclusive... Léontine, pardonne à mon délire, je suis un amant trop jaloux.

Les passions, même les plus affectionnées, manquent toujours de prudence dans leur essor : quoique Léontine fût encore convalescente, madame de Saint-Amaranthe se glissa à ses côtés... La pauvre convalescente eut à supporter le retentissement d'une tempête d'amour.

IX.

Complot.

La maladie de Léontine avait fait supprimer les soirées qui se donnaient, trois fois par semaine, rue Taitbout; on les reprit dès qu'elle fut rétablie : les jeunes libertins, habitués de ces réunions, y vinrent, comme de coutume, perdre leur argent à l'écarté, s'enivrer de Champagne, et compromettre leur santé avec des filles suspectes, en dépit de la sollicitude conservatrice du préfet de police.

Madame de Saint-Amaranthe avait promis, avait juré même à sa protégée qu'on la respecterait : l'orpheline pouvait compter sur l'exécution de cet engagement, car il était garanti par une jalousie égale à l'amour de la directrice. Mais, à la prière de celle-ci, Léontine s'était engagée, de son côté, à paraître aux soirées de sa protectrice. Elle y parut et produisit une vive sensation. Soudain, un cortége de fashionables environna la nouvelle odalisque : leurs hommages, appropriés au lieu, furent licencieux et concluans. Mais ils ne tardèrent pas à découvrir que l'objet de leur galanterie audacieuse différait essentiellement des autres beautés,

Ces dernières, promptes à offrir des compensations aux adorateurs rebutés, leur expliquaient ensuite que la belle qui les avait repoussés, réservée pour les plaisirs particuliers de *madame*, ne se trouvait point en circulation. Les jeunes gens, fort indifférens sur le placement du trop-plein de tendresse qu'ils apportaient rue Taitbout, dans les rares occasions où les bonnes fortunes du monde leur manquaient, les jeunes gens, disons-nous, se contentaient de rire aux éclats des amours de *madame*; jurant qu'à sa prochaine ivresse, ils vérifieraient, bon gré mal gré, par quels argumens cette autre Sapho prétendait justifier sa passion virile.

Mais, parmi les convives de madame de Saint-Amaranthe, il s'en trouvait un qui ne fut pas satisfait des raisons émises pour soutenir l'inviolabilité de la jeune Belge: c'était le comte d'Ornan; celui-là même auquel la directrice avait écrit en arrivant de Bruxelles. Ce gentilhomme, vieux libertin aux sens blâsés, usait des beautés *neuves* comme un gourmand, dépourvu d'appétit, use des primeurs. Il brûlait de posséder Léontine, qui lui avait été promise, il est vrai, avant que la passion de sa protectrice l'emportât sur sa cupidité. D'Ornan, maintenant privé des séductions qui l'avaient fait rechercher au temps de la Duthé et de la Guimard, ne pouvait pas, ainsi que les dandys rebutés par l'orpheline, trouver dans le monde l'assistance du vice amateur, et ce vieux roué était las des autres pensionnaires de la Saint-Amaranthe. Il se promit de goûter à tout prix du fruit défendu qu'on refusait à sa convoitise avide.

Le comte, riche et généreux par vanité ou

par calcul, était courtisé de toutes les demoiselles de la rue Taitbout chaque fois qu'il y paraissait : toutes, pour satisfaire des caprices, lui demandaient de l'or ; quelques unes en prenaient dans ses poches quand il avait gagné au jeu. Un soir qu'il devait y avoir grand cercle, raout à la manière anglaise, chez la Saint-Amaranthe, d'Ornan y arriva un des premiers, et comme il avait ses entrées partout, il se glissa dans une grande chambre où huit à dix pensionnaires s'habillaient en commun. L'arrivée de ce visiteur inattendu ne dérangea nullement ces dames : elles continuèrent à se livrer aux détails, plus ou moins secrets, de leur toilette, et se contentèrent d'envoyer à l'arrivant, celle-ci une poignée de papillottes, celle-là son éponge, cette autre un joli bonnet, qu'elle ménageait peu parce qu'il lui était fourni.

D'Ornan entra, malgré cette mousqueterie, la seule, peut-être, qui eût été dirigée contre lui, quoiqu'il fût lieutenant-général. C'était un des héros du pavillon Marsan, un de ces fidèles dont les soupirs légitimistes avaient été comptés comme des campagnes.

— Çà, mes petites chattes, dit le comte en s'asseyant sur un meuble peu élevé, que nous n'osons désigner autrement, tâchez d'être sages un seul instant...J'ai à vous parler d'affaires importantes, ajouta-t-il d'un ton mystérieux... Toi, Léocadie, tu veux avoir un *bibi*?

— J'en meurs d'envie.

— Tu l'auras.... Ma chère Aglaure, il te faut un binocle?

— Non, des jumelles.

— C'est plus cher; mais tu peux y compter... Lisa, n'ose pas me rappeler ce joli voile noir dont elle rêve toutes les nuits.

— Mais vous me le donnerez également, n'est-ce pas, mon petit comte.

— Chose convenue...... Quant à Belinde, elle élève ses prétentions un peu haut en me demandant une chaîne d'or... Cependant...

— Vous êtes si gentil que je l'aurai, et... elle parla à l'oreille du gentilhomme... puis, elle ajouta haut : Vrai, tout de bon...

— Et ma mantille de blonde, dit Isabelle.

— Et ma robe de chalis, dit Zeline.

— Et mes bas de fil d'Ecosse brodés, dit Frédérica.

— Et mon collier d'aventurines, dit Lisbeth.

— Et le manteau que vous me promettez depuis deux hivers, dit Lucie.

— Tout le monde sera satisfait dès demain, foi de gentilhomme; mais il faut m'aider, ce soir même, dans l'accomplissement d'un projet... Parlons bas, mesdemoiselles. Vous savez que je suis fou de Léontine... Réunissez tous vos efforts pour me la donner pendant cette même soirée, et je surpasse, par ma libéralité, toutes les fantaisies que vous avez formées....

— Léontine, le caprice de madame ! répondit la plus expérimentée des odalisques; voilà qui me paraît difficile. Ce n'est pas l'exécution qui embarrasse : il ne s'agit que d'endormir notre directrice, et quatre verres de Champagne suffiront. Mais demain il fera jour; la petite pigrièche dira tout; nous serons chassées de cette maison, et vous-même n'y aurez plus accès. Il y aurait bien un moyen; mais vous êtes amoureux de Léontine....

— Amoureux, sans doute, à cause de la nouveauté; mais vous me connaissez, mes enfans : livrez-moi Léontine une soirée, et je vous l'abandonne ensuite...

— A la bonne heure : ceci arrêté, comptez sur nous.

— J'y compte... Les convives arrivent; je me rends au salon.

Ce soir-là, l'assemblée fut une des cohues les plus complètes, les plus prodigues d'or, les plus cyniques qu'on eût vues, de long-temps, rue Taitbout. Tous les vices y furent expansifs et généreux. Les napoléons, les ducats, les guinées roulèrent, à flots pressés et retentissans, sur les tapis; de la cour on vit toutes les petites chambres particulières s'éclairer, puis s'assombrir tour-à-tour et à diverses reprises; dans les salons, vingt beautés, aux regards languissans, à la parure un peu flétrie, se firent disciples de Therpsicore après avoir été prêtresses de l'amour. Enfin, on passa dans la salle à manger, où le repas, un repas splendide, était servi. Là, devait s'évanouir le peu de raison qui restait dans la société.

Madame de Saint-Amaranthe, durant toute la soirée, avait veillé sur Léontine; elle la fit placer à ses côtés au banquet. Le comte, seul homme que la directrice craignit en ce moment, le comte, perfide comme un ambassadeur, affecta de s'asseoir loin de l'orpheline; il parut même vivement occupé d'une beauté externe, qui, pour son compte, avait fait illuminer trois fois un cabinet, pendant la fête..... Ce n'était pas mal pour un talent amateur.

Tranquille, quant à la conservation de sa conquête, sur les genoux de qui elle avait jeté une jambe, la Saint-Amaranthe s'abandonna sans crainte, comme sans mesure, à l'orgie. Excitée par de fréquentes rasades du pétillant Aï, qu'elle avalait avec concupiscence, elle versait fréquemment à sa protégée, l'obligeant à boire pour l'amener à partager son délire. La pauvre petite, échauffée par les vapeurs du Champagne, tourmentée secrètement par sa voisine, n'était pas loin d'atteindre l'état d'exaltation de cette dernière... Tout le brillant service de porcelaine dorée et de cristal étincelant tourbillonnait devant elle; elle sentait une forte douleur aux tempes; il lui semblait que sa tête allait éclater; et les sons de la musique, restée dans les salons, ne produisaient plus à son oreille qu'un sifflement aigu.

Bientôt, la Sainte-Amaranthe, complètement ivre, et chez laquelle diverses causes avaient produit une prostration entière, ferma les yeux; sa jambe débile tomba du genou de Léontine; sa tête chargée de plumes, se laissa aller sur le dos de son fauteuil.

Le comte d'Ornan fit un signe à quelques

unes des pensionnaires. Elles enlevèrent doucement leur patronne, et la transportèrent dans sa chambre, sans que les convives, presque tous ivres comme elle, eussent remarqué le moins du monde sa disparition.

Léontine se lève pour se rendre auprès de sa protectrice : son séducteur l'observait ; il s'approche d'elle, lui prend la main et dit qu'il va la conduire.... Non-seulement l'orpheline, dont les esprits et la vue sont troublés, se trouve hors d'état d'émettre une intention contraire à celle du vieux libertin, mais elle le reconnaît à peine.

D'Ornan entraîne sa victime à travers les appartemens, où toutes les lampes ont été éteintes à dessein ; il pénètre dans une chambre également noire et en ferme la porte au verrou.... Il est le maître de la plus malheureuse, de la plus innocente créature ; car le vice est dans l'intention, et Léon-

tine n'a eu que des intentions vertueuses.
Après quelques instans, on eût pu l'entendre
murmurer :

— Adolphe, eh bien! je te pardonne;
mais tu m'avais pourtant promis de respecter
mon innocence... Elle, elle... c'est bien différent.... Une femme... point de danger...
point de déshonneur.... Mais, puisqu'il le
faut pour te rendre heureux... oui, oui, je te
pardonne...

Et vers trois heures du matin, une patrouille du quatorzième léger ramassa, rue
Taitbout, une femme, élégamment mise,
mais dont la toilette était froissée, déchirée,
sanglante même; c'était Léontine, repoussée
par d'Ornan, déjà las d'elle; et ses infâmes complices, jalouses de cette favorite,
l'avaient fait déposer, endormie, sur un banc
de pierre, à une autre extrémité de la rue,
afin d'éviter l'explication orageuse du lende-

main. On porta l'infortunée au corps-de-garde, puis, en l'absence du lieutenant, on la mit sur son lit.

Après avoir fumé son cigarre, l'officier rentra et vit l'orpheline.

— Tant pis, dit-il, pourquoi cette jolie donzelle se trouve-t-elle là... et, sans autre réflexion, il se coucha près de Léontine.

X.

Le Corps-de-Garde.

Aimez-vous les esquisses à la manière de Callot? Voici quelque chose en approchant : c'est une petite chambre dont les murs, jadis blanchis, sont couverts des caprices d'un crayon emprunté au poële. Approchons de cette table boiteuse : ah! ah! deux volumes de *Faublas*; érudition de sous-lieutenant... Ce vaste fauteuil en cuir, dont le dos est rendu luisant par les vacillations habituelles d'une tête disputant son équilibre au sommeil, c'est le trône du corps-de-garde, la chaise curule d'un dictateur de vingt-quatre heures. A terre, gisent la vaisselle vide et les bribes d'un repas; puis un verre coiffant le goulot d'une bouteille. Appendus au mur charbonné, reposent le sabre et le schacot d'un officier d'infanterie; sur le dos du fauteuil est jetée sa redingote, quittée à la hâte, ainsi qu'on en peut juger par l'une des manches présentant sa doublure en dehors. Mais le centre caractéristique du croquis, le voilà : un lit de sangle qu'éclairent les premiers rayons du jour, pénétrant, brisés et incertains, par une fenêtre aux vitres enfumées. Deux figures reposant, fort rapprochées, sur un traversin aplati : l'une blanche, délicatement dessinée, empreinte des signes d'une fatigue extrême; l'autre brune, taillée carrément, mais presque envahie par des sourcils épais, des favoris touffus, des moustaches ambitieuses. Ce bras, couvert d'une manche bleue, et qui s'arrondit en collier autour d'un cou d'albâtre, donne la raison suffisante du rapprochement des deux têtes... Nous n'achèverons pas la description de ce groupe; son attitude est trop évidemment imitée d'une charade en action, reproduite par un burin licencieux dans le Faublas resté ouvert sur la table.

Tout-à-coup, l'une des têtes, celle aux traits délicats, s'agite sur le traversin, et cherche à s'affranchir du cercle musculeux qui la captive. L'obstacle est vaincu... Une jeune femme se dresse à côté du dormeur étendu à ses côtés; ses grands cheveux blonds tombent en désordre le long de ses joues pâlies... Son regard marque la surprise, l'effroi et de vains efforts de mémoire; puis, reportant les yeux sur son voisin, sur elle-même, et reconnaissant les signes irrécusables d'une possession entière de sa personne, elle s'écrie...

— Ah! l'infamie! le déshonneur!

A cette double exclamation de Léontine, qu'on a sans peine reconnue, son amant, par droit d'aubaine, se réveille en sursaut.

— Hein! qui va là? ronde-major! présent, s'écrie-t-il à son tour... Mais, soudain, il se remet en voyant l'orpheline... Ah! ce n'est que vous, ma tourterelle, continue-t-il... Oh! par ma foi, bonjour tout simplement... Je vous ai dit, à trois heures, un bonsoir soigné, et la politesse n'est pas inépuisable...

— Monsieur, soyez charitable, reprit en sanglotant l'infortunée Léontine, qui s'était jetée hors du lit, et venait de tomber aux pieds du lieutenant...

— Morbleu! ma mie, je n'ai pas manqué de charité, ce me semble, quoique l'exercice en ait été laborieux en diable...

— Hélas! il n'y a donc, sur la terre, que des êtres vicieux..... Monsieur, par pitié, parlez, où suis-je? Qui êtes-vous? comment suis-je en votre pouvoir...? Ah! si tout sentiment humain n'est pas évanoui en vous, débrouillez l'horrible chaos de mes idées... Attendez, plusieurs salons, une foule élégante, des tapis verts, vingt monceaux d'or, de la musique, des parfums... puis une table chargée de mets et brillamment illuminée... Du vin jaillissant avec bruit de sa prison de verre..... une mousse pétillante qui brûlait le sein, qui détraquait le crâne... et passant la main sur son front, l'orpheline cherchait à rallier quelques souvenirs.

—Ah! l'horreur! je me rappelle... l'odieux comte d'Ornan... l'obscurité... un lit... l'ivresse... le sommeil... l'image d'Adolphe... une sensation inconnue... Après cela, un froid pénétrant, le frisson, mes dents que j'entendais se choquer... Le reste est un tourbillon inaccessible à ma raison. Dites, dites, monsieur, comment suis-je ici? Vous êtes un officier... Là, tout près, j'entends le cliquetis des armes... Suis-je en prison? m'a-t-on arrêtée!

— Non, mon enfant, répondit le militaire attendri; on vous a ramassée dans la rue, couchée sur un banc, près d'une porte-cochère. Il est probable que vous aurez été mise là par des gens qui voulaient se débarrasser de vous. Une patrouille de ce poste vous a transportée ici... Ils ont fait la bêtise de vous coucher sur mon lit... et, ma foi... J'en suis désolé, si vous êtes une femme honnête ; mais le militaire français ne se pique pas de chasteté... Vous étiez là... et ce petit lutin de Faublas, dont je lis en ce moment les aventures...

— Ah! monsieur, s'écria Léontine en pleurant, que vous êtes coupable... Je suis une honnête fille... Oui, je le jure devant Dieu, mon déshonneur a été consommé sans que j'aie, un seul instant, manqué à la vertu.

— Sacrebleu! voilà qui me chiffonne l'esprit d'une rude manière... J'ai bien soupçonné que vous n'étiez pas précisément ce qu'ils disaient... L'officier qui a du tact s'y connaît, voyez-vous... et l'état où l'on vous avait mise!..

— Misérable Saint-Amararanthe, après m'avoir montré tant de tendresse!....

— Ah! vous sortez de chez la Saint-Amaranthe!..... assez causé, ma donzelle.... je rengaîne mes regrets.

En ce moment un monsieur habillé de noir, et qui resserrait un très gros-ventre sous les plis soyeux d'une écharpe tricolore, entra brusquement dans la chambre : c'était un commissaire de police, magistrat très-zélé, qui visait à devenir chef de bureau à la préfecture.

— Monsieur le lieutenant, dit-il avec emphase, vous êtes fort répréhensible d'avoir gardé cette fille ici toute la nuit.... s'en amuser, c'était fort bien ; mais il fallait ensuite l'envoyer à la salle Saint-Martin, avec les prostituées, comme elle, arrêtées depuis hier.....

— Une fille... s'en amuser..... des prostituées, répéta l'infortunée en poussant des cris aigus... Suis-je assez malheureuse, assez dégradée... Ah ! la mort ! la mort ! et Léontine courait vers le sabre du lieutenant...

— Eh bien ! reprit le commissaire avec

un sourire amer, celle-là veut jouer le tragique, je crois... Quelque actrice des boulevards, tombée dans le domaine public... Allons, monsieur, réparez votre faute en faisant conduire sur-le-champ cette femme rue de Jérusalem, pour qu'elle soit jugée ce matin.

— Jugée, répéta l'orpheline, eh ! qu'ai-je donc fait ? Ce sont ceux qui font un horrible trafic de l'innocence qu'il faudrait juger... Ceux qu'on voit, chaque jour, abuser de pauvres filles, s'en emparer, les emprisonner, en quelque sorte, pour les livrer, à prix d'or, aux libertins de la ville.... Dites donc, monsieur, que vous allez me venger, punir les misérables qui m'ont attirée, moi candide et pure, dans un guet-apens infâme... Oui, oui, ne souriez pas avec dédain; **je suis une honnête personne**, que madame de Saint-Amaranthe a traînée, par subtilité, dans son infâme maison...

— Petite, répliqua le commissaire, vous paraissez être une habile comédienne; mais ces ruses sont connues : on sait que vous êtes toutes, mesdemoiselles, des victimes innocentes comme l'agneau bêlant... La vertu est toujours dans votre cœur; mais elle s'y cache si bien, morbleu! qu'il ne ressort de votre conduite que vice et corruption.... Le magistrat éclairé ne prend point le change à vos récriminations : par exemple, ma mie, vous venez de calomnier une dame qui exerce légalement une profession reconnue nécessaire pour le maintien des bonnes mœurs; madame de Saint-Amaranthe se conforme aux réglemens, paie exactement sa redevance... Vous avez tort, évidemment tort... Allons, petite, marchons... Ah! vous êtes en souliers de satin... Caporal, qu'on fasse avancer un fiacre... Vous, monsieur, poursuivit le quartinier en se tournant vers le lieutenant, peut-être serai-je obligé de mentionner votre négligence dans mon procès-verbal.

— A votre aise, répondit sèchement l'officier : je serai condamné, sans doute, à quinze jours d'arrêts; je les subirai, puis j'irai, selon l'usage, remercier mon colonel. Après cela, vous m'obligerez bien de venir faire un tour avec moi au bois de Boulogne... L'affaire d'une heure, pas davantage... et *je reviens* ensuite tranquillement déjeûner à Paris...

Le commissaire ne répondit rien; mais l'officier put reconnaître aisément, à je ne sais quelle expression de ses traits, que sa négligence, si aigrement relevée, ne serait pas relatée sur le procès-verbal.

Léontine monta dans le fiacre qu'on avait

amené : c'était la première course qu'elle faisait à Paris ; et sans qu'elle eût à se reprocher la moindre faute, on la conduisait devant le tribunal où l'on condamne, chaque jour, tout ce que le vice a de plus abject.

XI.

La Préfecture de Police.

Monsieur le fonctionnaire qui siégeait ce jour-là rue de Jérusalem venait de passer une mauvaise nuit : il avait appris, la veille, dans la soirée, que le ministre, hésitant à reconnaître ses bons et loyaux services, s'était formellement refusé à demander pour lui la croix d'honneur. L'injustice lui paraissait criante. Inspecteur des Halles, on lui avait dû l'expulsion des vidanges de maquereaux du Marché au poisson; passé, depuis, à l'inspection de l'éclairage, il avait signalé, pendant l'année précédente, l'extinction de vingt-quatre becs, et le bris nocturne de six réverbères; enfin, dans ses fonctions actuelles, cette notabilité essentiellement agissante de l'administration publique, s'était signalée tout *novissimé* en faisant constater, dans une maison de joie, deux *yphilis* habilement dissimulées.

L'oubli d'une série de services aussi éclatans laissait dans l'ame du fonctionnaire un ressentiment bien fondé, dont ses justiciables eurent beaucoup à souffrir; ce qui n'était pas moins équitable assurément... Pauvre Léontine, elle supporta sa part de cette mauvaise humeur, ainsi que les autres filles, presque toutes ivres, au milieu desquelles on l'avait jetée... Ah! comme son cœur se souleva dans ce cloaque du vice, d'où s'exhalaient tant de souffles impurs, saturés de vapeurs vineuses ou alkooliques. Et pourtant, cet horrible trait de ressemblance avec ces créatures dégradées ne lui manquait pas : elle aussi avait été trouvée dans un état complet d'ivresse... Fatale complication d'apparences! Tout contribuait à condamner la plus innocente des femmes.

Quand le tour de l'orpheline fut venu, l'inspecteur *indécoré* l'interrogea plus brutalement que les autres.

— Votre nom, lui dit-il d'un ton bref et impératif?

— Léontine, répondit l'orpheline à travers ses sanglots...

— Ensuite?

— Dieu seul sait quel nom doit être joint à ce prénom.

— Dieu aurait fort à faire, s'il voulait tenir registre des naissances anonymes... Votre pays ?

— Bruxelles...

— Eh bien! c'est cela, la Belgique contrefait nos productions littéraires, et nous envoie ses vices personnifiés.

— De quoi vous plaignez-vous, dit une voix sortant de la foule, nos voisins les Belges vous prouvent par là qu'ils profitent de votre morale en littérature...

— Silence, s'écria l'inspecteur président. Répondez, fille, quel est votre domicile ?

— Je n'en ai point en ce moment, puisque madame de Saint-Amaranthe, après avoir abusé de ma crédulité, m'a fait porter hors de sa maison pendant mon sommeil.

— Je vois, par le procès-verbal, que vous

étiez ivre; votre expulsion est donc justifiée; vous déshonoriez une maison très-bien fâmée. L'affaire est instruite : écrivez, monsieur : « La fille Léontine, étant en état flagrant de vagabondage, sera envoyée aux Madelonnettes, à moins qu'une directrice connue ne la réclame. »

— Aux Madelonnettes, répeta Léontine, quel lieu est-ce, monsieur?...

— Belle demande!... une prison, répondit le fonctionnaire.

— Dieu! mon Sauveur! secourez-moi... Monsieur, ôtez-moi plutôt la vie que la liberté...

— Chansons que cela... Personne ne réclame cette fille?... gardes municipaux, qu'on l'emmène.

— Un instant, dit une femme entre deux âges et assez proprement couverte, qui déjà avait réclamé plusieurs filles; on sait que la

Saint-Amaranthe jette ses os un peu gras...
Voyons si l'on peut faire quelque chose de cela.

A ces mots, l'inconnue s'approcha de Léontine, interrogea, d'une main hardie, diverses parties de son corps, puis lui dit :

— Voulez-vous venir avec moi, mon enfant ?...

— Que ferai-je chez vous, madame ? demanda tristement l'orpheline.

—Vous travaillerez *honnêtement*, ma fille...

— En ce cas, je vous suis, répliqua vivement l'infortunée, qu'abusait l'adverbe dérisoirement employé par sa nouvelle protectrice.

—Vous entendez, monsieur, dit cette dernière en s'adressant à l'inspecteur; j'emmène Léontine... Vous me connaissez bien?...

— Oui, oui, madame Flambard, rue de a Bibliothèque.

— C'est cela... Suivez-moi, mon enfant.

Notre jeune Belge suivit madame Flambard ; mais elle ne tarda pas à reconnaître la fatale erreur que le seul mot de prison lui avait fait accueillir sans examen. Léontine sortait d'une maison de prostitution du premier ordre; elle entrait dans une du dernier. L'infortunée voulut fuir. Un instant, mignonne, lui dit sa nouvelle directrice; je réponds de toi : je ne puis te laisser prendre ainsi la volée. Je ne te force pas d'être des nôtres : là-dessus, liberté tout entière. Mais je dois faire, avant tout, ma déposition; ce soir, les gardes municipaux viendront te prendre, et tu iras coucher aux Madelonnettes...

Léontine tomba anéantie sur une chaise... La main du destin pesait sur elle, et ce despote, aux lois occultes, avait écrit sur ses tablettes de fer : L'orpheline belge sera prostituée... Le lendemain au soir, on vit la nouvelle pensionnaire de madame Flambard errer sur le trottoir de la rue Saint-Honoré : elle *travaillait honnêtement.*

XII.

Un éclair d'esperance.

L'habitude, cette seconde nature, quelquefois si contraire aux inclinations de l'autre, finit, cependant, par la soumettre à son pli. Il y eut, en cela, une exception pour la pauvre Léontine : jamais elle ne put saisir, sans horreur, la coupe d'infamie qui lui était offerte chaque jour... Et qu'on se figure ce que le dégoût a d'affreux en pareille situation : les tourmens de l'enfer sous un semblant de délices ineffables. A dix-huit ans, il est un instinct secret qui vous crie : Il faut vivre, les peines se dissiperont, le bonheur viendra; car c'est toujours ainsi qu'elle parle cette voix intérieure... L'orpheline vivait; mais elle vivait comme un jeune arbuste qu'un ver dévore au cœur : sa beauté avait disparu ; ses joues étaient pâles et creuses; au fond de ses orbites excavées languissait un œil éteint; sa bouche, flétrie par mille bouches impures, conservait quelquefois les traces hideuses de leur contact. Après avoir séjourné deux mois chez la Flambard, il ne restait plus rien de séduisant à notre jeune Belge, rien qu'un doux accent, qu'elle perdit bientôt. L'infortunée demandait la résignation à sa raison, qui ne lui inspirait que la honte; elle priait avec ferveur; et le ciel, sourd à ses vœux, lui laissait, pour unique consolatrice, une espérance lointaine, tandis que le présent empoisonnait rapidement sa vie. Enfin, lasse d'invoquer et les puissances de son ame et les grâces divines contre les maux qui l'accablaient; incapable d'en supporter l'atteinte, à toute heure renouvelée, elle rechercha cette consolation qui étourdit la réflexion en engourdissant le corps... Léontine but...

Le soir, à l'heure où la foule, naguère épaisse et animée, s'éclaircit dans la rue Saint-Honoré, vous aurez remarqué, dans un cabaret formant le coin de la rue de la Bibliothèque, des femmes dont la demi-élégance contrastait étrangement avec leur attitude et leur ton : vous avez passé vite pour cesser de voir ces êtres délicats, ces êtres appartenant au sexe que Dieu semble avoir empreint d'une moitié de sa divinité, le rouge bord au poing, et chancelant sur leurs jambes avinées, pour trinquer avec le cocher de fiacre ou le charretier, qu'elles provoquaient du geste, du regard, du propos... Eh bien! Léontine était là peut-être; et si quelque accent rauque a choqué votre oreille en passant, peut-être était-ce le sien. Car sa voix suave, sa voix caressante a perdu ses intonations veloutées : le tartre vineux et l'alkool de l'ignoble *goutte* ont détruit ce dernier témoignage d'une éducation soignée.

Mais l'ame de Léontine, au sein d'une dégradation si complète de son enveloppe, était restée pure : elle ne livrait point au vice la volonté de l'orpheline. L'esprit obscurci par les vapeurs du vin et des liqueurs, elle remplissait avec rage son horrible ministère; mais avec une rage d'aversion, de haine, d'horreur; souvent elle fut tentée de poignarder l'amant d'une minute qui faisait d'elle l'instrument de son caprice brutal...Toutefois la réflexion ne tardait pas à percer les vapeurs de son ivresse..... « Ah! qu'allais-je faire? murmurait-elle alors; qu'importe à ce malheureux mes regrets et ma répugnance; est-ce lui qui m'a entraînée dans la prostitution?..... Mon corps lui échoit à la loterie du vice; il se sert de moi sans choix, au hasard, comme le voyageur se sert du vase qu'il trouve sous le lit d'une auberge... Du moins, en buvant, Léontine, avait substitué à un morne désespoir cette étrange philosophie, cette nuance heureuse qu'un mirage d'ivresse épand à la surface de tout.

Un soir que, bercée par cette consolation sophistique, elle se promenait sur le trottoir de la rue du Coq, attendant une de ces aubaines qui la faisaient frémir chaque fois qu'elles se rencontraient, une femme mise avec élégance l'accoste précipitamment, et ce cri lui échappe :

— Léontine, grand Dieu !

— Madame de Saint-Amaranthe ! s'écrie à son tour l'orpheline, en reconnaissant cette dame, qui avait levé un magnifique voile de point d'Angleterre. Puis, cherchant à dégager sa main dont son ancienne directrice s'était emparée, Léontine ajoute : Laissez-moi... Vous devez être satisfaite ; il ne manque plus rien à ma honte, à mon abjection ; vous pouvez, femme perfide, me contempler au fond du précipice où vous m'avez plongée... Jouissez, jouissez de votre ouvrage, poursuit la prostituée d'un accent animé, en attirant la Saint-Amaranthe près des vitres lumineuses d'un café... Voyez mes traits, la dégradation y a creusé des rides, y a jeté, à pleines mains, ses teintes livides ; mes cheveux tombent, mes dents sont ébranlées... et je n'ai pas dix-huit ans !.... Voilà vos bienfaits.

— Mon enfant, répond la Saint-Amaranthe d'un ton assuré, vous êtes bien malheureuse; mais vos reproches sont injustes. Je ne suis coupable, en ce qui vous touche, que d'avoir cédé au fatal penchant qui m'a fait perdre de vue votre danger. Rendue à la raison, je vous demandai à grands cris : on me dit qu'insouciante à mes bontés et aux ménagemens que j'avais gardés avec vous, vous aviez fui durant la nuit. Je fus indignée; mais, Léontine, je ne saurais t'exprimer ce que j'éprouvai de douleur... Tu sais combien je t'aimais... Au bout d'un mois je te pleurais encore, en te maudissant, lorsqu'une de mes pensionnaires, mécontente de l'odieux comte d'Ornan, me confia la vérité. Mais cette fille ignorait ce que tu étais devenue; je te fis chercher partout et particulièrement en Belgique... j'ai dépensé deux cents louis dans cette inutile investigation.

« Cependant je chassai ignominieusement toutes les misérables qui s'étaient associées à l'infame expédition du comte ; lui-même fut expulsé de ma maison dès qu'il y reparut. Je t'avouerai même qu'avant d'en sortir, il reçut, par l'entremise de deux robustes laquais, le témoignage de mon ressentiment, réalisé en cinquante coups de bâton. C'était aller trop loin : d'Ornan, quoique légitimiste, peut-être même parce qu'il l'est, a conservé tout son crédit sous notre régime dérisoirement populaire. Il courut me dénoncer au préfet de police, comme pervertissant les jeunes personnes de famille. Croirais-tu, Léontine, que l'audacieux scélérat osa te citer, lui coupable envers toi d'un viol manifeste, que vingt témoins pouvaient affirmer?

« Prévenue à temps du danger que je courais, je vendis ma maison de la rue Taitbout; je réalisai toute ma fortune sur la banque de Londres... Je possède à peu près vingt mille livres de rentes... Chère enfant, je te cherche depuis un mois pour te les faire partager et te les léguer après moi. Un agent de police m'avait dit que tu étais restée à Paris : je me cachais le jour, je te cherchais le soir. Te voilà, bien-aimée; suis-moi vite, car, dans ce quartier populeux, je puis être observée, suivie, arrêtée au moment de quitter la France et d'aller vivre honnêtement, tranquillement avec toi en Angleterre...

— Et moi qui vous accusais!...

— Tu vois que c'était bien à tort... mais ne perdons pas une minute de plus, viens, viens...

Elles marchaient rapidement vers le Louvre, dont elles allaient atteindre la porte, lorsque deux hommes qui les suivaient passèrent subitement devant elles, et, se jetant sur madame de Saint-Amaranthe, qui était grande et forte, réunirent leurs efforts pour l'arrêter. Cette circonstance sauva Léontine, qui pourtant ne s'éloignait pas, tandis que les deux agens de police débitaient leur formule, où le nom sacré de la loi est si souvent pollué.

— Sauve-toi, sauve-toi, chère fille, lui cria la dame arrêtée, en lui jetant quelque chose qui sonna sur le pavé... dès que je le pourrai, je te donnerai de mes nouvelles... du courage, nous nous reverrons...

— Ah! que Dieu vous seconde! répondit l'orpheline; puis elle se baissa, ramassa l'objet qui avait sonné sur le pavé, et se sauva vers la rue de la Bibliothèque, où les mouchards ne la poursuivirent pas.

XIII.

Les Protecteurs.

Léontine avait passé deux mois à l'hospice des Capucins : cet horrible complément ne manquait plus à sa dégradation. Le médecin en chef venait de signer son *exeat* ; mais où allait-elle se rendre ? L'épithète *menaçante* de *vagabonde* tintait comme un glas funèbre à son oreille; elle voyait luire les casques des gardes municipaux venant l'arrêter; elle entendait, par anticipation, le bruit de leurs pas sur l'escalier tortueux de son grenier... « Oh! non, jamais, s'écriait-elle en sortant de l'hospice, sans savoir où porter ses pas, plus de vice, plus de prostitution... la pauvre Saint-Amaranthe m'a jeté trois napoléons au moment de son arrestation; les voici : cette ressource peut me durer long-temps... je chercherai du travail. Je ne suis pas sous le coup de la police : cette fois, ma liberté m'appartient; elle ne me sera pas laissée à charge d'infamie... Et cet homme était un organe de l'administration... Société perverse, tu nous pousses vers la prostitution où ton mépris nous atteint... inexplicable confusion ! »

En ce moment Léontine s'arrêta tout court : une puissance invisible semblait fermer la rue devant elle... l'orpheline se trouvait vis-à-vis l'église de Saint-Jacques-du-Haut-Pas... « Mon Dieu, je vous remercie, reprit-elle en se signant; c'est vous qui m'arrêtez devant votre sainte maison... oui, j'ai compris vos ordres mystérieux... le tribunal de la pénitence m'est ouvert; la voix du Lévite me sera secourable; entrons... »

Léontine avait à peine fait quatre pas dans le temple, qu'un prêtre, aux cheveux blancs, à la tête penchée par les ans, se présenta à sa vue... vieux serviteur sans crainte parce qu'il était sans tache, il avait attendu le martyre sur les marches de l'autel, au temps de la tourmente révolutionnaire; mais son divin maître ne l'appela point alors parmi ses élus; il guérit ses blessures et le laissa avec les hommes pour leur édification; avec ses confrères, comme un modèle de piété douce, tolérante, miséricordieuse.

— Mon père, lui dit Léontine, daignez écouter ma confession.

— A l'instant même, mon enfant; suivez-moi.

La confession de l'orpheline, c'était le récit de sa vie : elle ne put révéler que les fautes de la destinée...

— Pauvre fille, dit le respectable ecclésiastique quand sa pénitente eut cessé de parler, je vous donne de bon cœur l'absolution ; jamais je ne lus dans une ame demeurée aussi pure au sein de la corruption... celle-ci, mon enfant, Dieu l'avait permise : quelquefois sa profonde sagesse veut que les leçons coûtent cher à l'humanité... : après avoir sondé à fond l'abîme du vice, elle connaît mieux le prix de la vertu.

« Maintenant, ma chère sœur, vivez sagement : cela vous sera facile, et la charité chrétienne vous secondera... Peut-être ferez-vous bien de mettre une clôture entre vous et la perversité du monde : les couvens ne sont plus autorisés par nos lois, et la morale n'y a rien perdu... Mais il nous reste de véritables religieuses, les sœurs hospitalières. Croyez-moi, retirez-vous parmi elles... je vais vous donner un mot pour l'une des principales dames de l'Hôtel-Dieu : ce n'est malheureusement que là où je puis vous être bon à quelque chose, au moins dans ce genre de service.

Le bon prêtre, ennemi de tout mensonge, ne crut pas devoir cacher à la dame de l'Hôtel-Dieu la situation réelle de celle qu'il lui adressait, et, précisément par cette raison, il la lui recommandait chaudement.

Léontine se rendit sur-le-champ chez cette future protectrice : on lui dit qu'elle était, pour le moment, fort occupée à régler des comptes avec un employé de l'administration ; l'orpheline répondit qu'elle allait attendre dans la chambre voisine de celle où se tenait la sœur. L'attente fut longue ; mais elle ne fut pas dépourvue de distractions : Léontine entendit souvent de grands éclats d'hilarité partir de la pièce voisine; de temps en temps, il lui sembla que le choc de deux verres se mêlait à ce bruit; mais elle crut se tromper en entendant résonner des baisers redoublés, auxquels succéda le plus profond silence... Enfin la porte s'ouvrit, et Léontine vit sortir un jeune homme agréablement tourné, qui paraissait bien ému pour s'être livré à la comptabilité.

La jeune Belge entra immédiatement, trop immédiatement, chez la sœur; car elle la trouva occupée à relever un peu son lit, apparemment affaissé par le poids des pièces comptables... La demi-religieuse avait le sein convulsivement agité; son visage, fort joli d'ailleurs, était pourpre, et sur une petite commode reposait un flacon vide : le bouchon, armé d'un fil d'archal, dénonçait éloquemment l'origine de feu son contenu.

Léontine parut n'avoir rien remarqué, et l'on va voir que la sœur crut qu'elle n'avait effectivement aucun doute. Elle prit la lettre, en indiquant, avec quelques légères grimaces de malaise, un siége à la visiteuse inopportune ; puis elle se prit à lire.

— Mon Dieu, mademoiselle, comment monsieur l'abbé N*** ose-t-il vous adresser à moi? s'écria-t-elle après avoir lu. En vérité, le cher homme baisse sensiblement... dites-moi, ne vous a-t-on pas vu entrer dans ma chambre?

— Une seule personne, ma sœur, avant le jeune homme que j'en ai vu sortir.

— C'est qu'en vérité, reprit la dame, dont la rougeur avait encore augmenté, la démarche qu'on vous fait faire est inimaginable...

après la profession que vous avez exercée.

— C'était sans doute par cette même raison, répliqua Léontine avec dignité, que M. l'abbé m'adressait à une sœur hospitalière... car il y avait une belle mission de charité dans le soin d'arracher une fille, jeune encore, aux nécessités affreuses où le malheur peut la replonger...

— Mon enfant, retirez-vous, je vous en supplie; notre ministère est de secourir le corps malade, et non pas l'ame viciée.

— Je le crois, madame, vous n'auriez même pas le secours de l'exemple à lui donner.

Et Léontine sortit brusquement, laissant la sœur honteuse et confuse : le trait avait porté.

L'orpheline coucha dans un hôtel garni du faubourg Saint-Jacques, où sa nuit fut paisible, mais sans sommeil. Une pensée nouvelle, une pensée persistante l'occupa jusqu'au retour de l'aurore... Le mot de *Meiningen*, cet unique fragment des renseignemens laissés jadis à Julie, s'était reproduit à la mémoire de Léontine. « C'est le nom d'un pays, d'une ville, se disait-elle; mais il est incontestable qu'il se rattache, par un point quelconque, à l'existence des auteurs de mes jours... Hélas ! pourquoi cette idée me frappe-t-elle si tard? J'irai à *Meiningen*; j'interrogerai les habitans : une petite fille laissée à Bruxelles en 1814, au moment où les Français évacuaient cette place, c'est un fait qu'on se rappellera... Oui, mon projet est sage... courons le confier à mon vénérable protecteur... s'il l'approuve, je partirai sur-le-champ. Mes ressources sont bien faibles; mais en marchant à pied, en couchant dans les granges, peut-être suffiront-elles... qui pourrait me retenir à Paris, lieu funeste où la mesure de mes malheurs fut comblée ?... pourtant madame de Saint-Amaranthe, si je la retrouvais... après tout je n'avais pas trop à m'en plaindre... Sa passion étrange effleurait ma vertu; mais elle ne m'avait pas livrée à ce sexe auquel est remis le triste privilége de déshonorer le mien... cependant là encore il y a de l'impureté... Non, je ne chercherai pas madame de Saint-Amaranthe... moi la maîtresse d'une femme!... je partirai. »

L'abbé N*** approuva le projet de Léontine.

— Mais, lui dit-il, vous avez deux cents lieues à faire; c'est trop peu d'une cinquantaine de francs pour entreprendre un tel voyage, et ce que j'y pourrais ajouter ne suffirait pas encore... Ne nous rebutons pas; je vais vous adresser à une dame de charité qui a quelque estime pour moi : elle est riche, elle dispose des fonds du bureau de bienfaisance ;

d'une manière ou de l'autre, vous serez aidée par cette femme respectable. L'abbé écrivit.

— Si nous lui laissions ignorer mes infâmes précédens, observa timidement Léontine.

— Chère fille, répondit le prêtre, elle pourrait les découvrir d'ailleurs, empoisonnés par la calomnie; il vaut mieux dire la vérité.

Quand l'abbé remit sa lettre à Léontine, elle lut sur l'adresse : *à madame Imbert*.

— Grand Dieu ! s'écria-t-elle, serait-ce la mère d'Adolphe ?

—Précisément, c'était le prénom de son fils; c'est moi qui l'avais baptisé, il y a bientôt vingt-neuf ans... Eh mais ! je me rappelle un point de votre confession : ce jeune homme tué en duel dans un village...

— Hélas ! mon père, c'était Adolphe Imbert.

— Il est donc prudent que vous ne vous fassiez pas connaître de sa mère : c'est d'ailleurs un soin inutile... je me souviens maintenant que lorsqu'elle apprit la mort d'Adolphe, elle se déchaîna violemment contre vous; et c'était avec injustice, car, précédemment, elle avait approuvé votre mariage.

Madame Imbert occupait seule un hôtel qui lui appartenait; elle avait un grand état de maison, une livrée... Léontine, l'orpheline dégradée, la courtisane sortant des Capucins, poussa un gros soupir en songeant qu'elle avait été appelée un instant à partager cette opulence : elle qui venait solliciter une aumône.

Le titre de dame de charité, surtout le nom de l'abbé N***, lancé dans le salon par le laquais qui avait annoncé, ne permettaient pas à madame Imbert de faire attendre dans l'antichambre la personne annoncée; elle ordonna de l'introduire, lui indiqua sèchement un siége, et ne s'occupa plus d'elle.

Madame Imbert s'entretenait vivement avec un médecin : Léontine se résigna religieusement à l'attente. Sans doute il s'agissait de porter les secours de l'art dans la mansarde du pauvre... touchante sollicitude! on devait bien se garder d'en entraver l'exercice.

Après une heure environ de conversation, madame Imbert, qui semblait avoir oublié qu'une demoiselle attendait audience, dit :

—Mais, monsieur, si vous voyiez le malade.

— Vous savez que je l'ai vu ce matin, madame; répondit le docteur.

— N'importe, deux visites valent mieux qu'une... je vais le faire apporter...

— Excellente femme! murmura Léontine,

apporter le malade dans son propre appartement... voilà la véritable charité.

—Germain, dit madame Imbert au laquais qu'avait appelé la sonnette... qu'on apporte Chéri dans son lit.

Un instant après, Chéri fut apporté comme on eût fait, au 14e siècle, de la châsse où se trouvaient les reliques de sainte Geneviève... Chéri... c'était un chien turc hideux, et le docteur, un médecin de chiens... Cependant une femme, sans doute nécessiteuse, qui peut-être avait faim, attendait depuis une heure... Léontine se dit tout bas : « Cher Adolphe, ombre adorée, ce n'est pas à cette école que ton excellent cœur s'était formé... »

Enfin le tour de l'orpheline arriva; la dame de charité vint à elle, et tendant la main brusquement, elle lui dit : « Donnez votre lettre. Ses sourcils grisonnans se froncèrent tandis qu'elle lisait; Léontine prévit une tempête où ses espérances allaient périr... Elle ne se trompait pas...

— Ce vieux abbé N*** devient décidement fou, s'écria madame Imbert avec un éclat de voix retentissant ; m'envoyer une fille publique !... Imbécile, avec sa tolérance, sa miséricorde ! faire salir mon parquet par une telle créature ! Sortez, misérable! ajouta la furie dont un ange était né; sortez, et allez dire à votre idiot de protecteur que je retiendrai pour lui la première place vacante aux cabanons de Charenton. Et madame Imbert jeta la lettre de l'abbé aux pieds de sa protégée. — Eh bien ! cria-t-elle sortirez-vous enfin, ou je fais appeler la garde pour vous traîner en prison.

— Je sors, madame, répondit noblement Léontine; mais rappelez-vous ce que je vais vous dire... Vous commettez à la fois deux gros péchés : la colère et la calomnie... Toute fille publique que j'aie pu être, je paraîtrai blanche d'innocence devant Dieu ; je fus livrée au vice, mais je ne m'y livrai jamais, et le corps ne saurait être criminel sans la participation de l'ame. Vous, cependant, madame, continuez de prodiguer aux chiens les secours que vous refusez durement aux humains, et vous verrez un jour comment Dieu vous récompensera d'avoir distribué ainsi les trésors de la charité.

Madame Imbert tomba, suffoquée de colère, sur son fauteuil, et Léontine sortit précipitamment.

— Pauvre pécheresse ! dit l'abbé quand l'orpheline lui fit part de cette réception... elle croit que le monde a oublié les erreurs scandaleuses de sa jeunesse... C'est elle qui a besoin de miséricorde, et non pas vous... Je prierai ce soir pour le salut de madame Imbert.

— Hélas ! Monsieur, s'écria, Léontine en sanglotant, tout le monde me repousse ; que vais-je devenir ? Car je jure devant vous, ministre du ciel, de ne jamais rentrer dans la profession de boue qui m'attire tant de honte.

— Laissez dire les hommes ; Dieu tient la balance, mon enfant... et sa grâce toute seule emporte les jugemens du monde entier... Ecoutez, poursuivit le saint homme après un moment de réflexion, vous savez travailler, m'avez-vous dit ; demain, je vous mènerai moi-même chez une couturière que je connais : c'est, je crois, une femme bienfaisante ; elle vous recevra.

En effet, madame Riblin, veuve d'environ 35 ans, encore jolie, et qui paraissait fort occupée, reçut l'orpheline très-volontiers, après l'avoir fait travailler un instant.

— Recommandée par monsieur l'abbe,

dit-elle à Léontine, je vous admets sur l'heure dans mon atelier : vous aurez la table, le logement et 30 sous par jour. Plus tard, nous verrons.

— C'est assez, madame, répondit la jeune Belge; si par la suite je mérite davantage, vous en serez seule juge.

— Allons, madame Riblin, dit le vénérable prêtre en se retirant, voilà encore une bonne action; vous verrez qu'il en sortira une bonne chance de plus pour votre maison.

— Je n'en serai pas surprise, monsieur l'abbé; Dieu se plaît à bénir tout ce que vous faites, répondit la couturière.

Léontine était depuis un mois chez madame Riblin, qui, sous le rapport du travail, paraissait fort contente de sa nouvelle ouvrière. Mais son extrême réserve, la sagesse exemplaire de sa conduite lui avaient attiré l'épithète de *Bégueule*. Toutes les demoiselles du magasin avaient des amans ; la maîtresse elle-même vivait assez ostensiblement avec un acteur dont, à charge de réciprocité, elle augmentait les feux. *Cette absence de sentiment,* comme disaient les compagnes de Léontine, entretenait quelque froideur entre elle et ces gentilles pécheresses. La couturière elle-même lui faisait gaîment la guerre sur son indifférence...

Quel fut donc l'étonnement et la douleur de Léontine lorsque madame Riblin, l'ayant fait appeler un soir dans sa chambre à coucher, lui parla en ces termes.

— Votre conduite est affreuse, mademoiselle ; vous m'avez trompée indignement.

— En vérité, madame, je ne puis vous comprendre, répondit l'orpheline, qui était loin alors de soupçonner ce que sa patronne avait à lui reprocher.

— Ne jouez pas la surprise... Vous avez

été dans une maison de joie, chez la Flambart, rue de la Bibliothèque... vous voyez que je suis bien informée. Or, je ne conçois pas comment, après cela, vous avez osé vous présenter dans une maison *honnête*... Il faut que M. l'abbé N*** soit bien faible, ou que vous lui ayiez laissé ignorer la vérité.

— Non, Madame, il la connaît tout entière.

— Je ne m'explique alors ni sa conduite ni la vôtre; car vous deviez bien penser que, tôt ou tard, votre secret serait éventé, et, en effet, trois des jeunes gens qui viennent ici vous ont reconnue.

— Mais, madame, répliqua Léontine en pleurant, daignez donc avoir égard à ma conduite actuelle.

— Mon Dieu, chère enfant, j'aimerais mieux que vous eussiez un amant et même plusieurs que ce précédent fatal: fille publique! c'est une tache indélébile; vous ne pouvez rester chez moi.

— Ainsi, Madame, répliqua l'orpheline avec un regard étincelant, l'infortunée que d'infâmes séducteurs ont flétrie pendant son sommeil; qu'une destinée de fer a jetée ensuite dans la prostitution, sans que jamais ni son cœur, ni sa volonté y aient accédé; qui sort de cet état honteux dès qu'elle le peut, et sans avoir même un repentir à s'imposer; celle-là sera rejetée à jamais du sein d'une société qui tolère souvent le libertinage le plus effréné... Quoi! poursuivit la pauvre fille en s'animant davantage, on proscrira sans retour cet être malheureux, sur le simple témoignage de l'apparence, quand le vice réel, réfléchi, permanent, fournira librement sa carrière!... Il faudra qu'une femme prostituée ainsi se tienne pour déshonorée, sans espoir de réhabilitation!

— Oui, ma pauvre Léontine, cette réhabilitation est pour elle une conquête impossible... Toute société qui se respecte la repousse de son sein.

— Ah! l'enfer! l'enfer!

En prononcant ces mots l'orpheline se jette hors de la chambre, descend l'escalier précipitamment, s'élance dans la rue et la suit, dans toute sa longueur, avec une incroyable rapidité. Léontine, sans châle, en pantoufles, la tête nue, marche au hasard pendant une demi-heure... Ses cheveux, détachés par l'atteinte d'une brise assez forte, flottent épars, ou plutôt se hérissent dans les airs... Enfin, la jeune exaltée, débouchant de la rue de Seine, aperçoit la rivière, que es rayons d'une lune entière blanchissent.

— Je vois le port, s'écrie-t-elle; j'y cours... Là, tu vas te réfugier dans une autre vie, ma pauvre ame, dont personne n'a voulu apprécier la pureté... Hommes pervers, là finit votre mépris... O mon Dieu! là commencent tes récompenses... Léontine, à la mort! à la mort!

Et l'orpheline se glisse comme une ombre le long des maisons du quai, pour gagner la pente, située vis-à-vis la rue des Saints-Pères, qui descend à la rivière...Tout-à-coup un laquais, en riche livrée, sortant d'une porte-cochère, dit à haute voix :

— La voiture de madame la duchesse de *Meiningen.*

Léontine, stupéfiée, s'arrête spontanément. Alors, une dame richement vêtue, qu'accompagne un officier général, passe devant elle pour gagner un carrosse attelé de quatre chevaux... La tête de l'orpheline renferme un feu dévorant : les pensées y bouillent; elles n'en peuvent sortir qu'effervescentes, orageuses. Elle marche droit à la grande dame.

—Un mot, madame, lui dit-elle; je viens de vous entendre nommer la duchesse de *Meiningen :* ce nom seul renferme peut-être pour moi toute une destinée... Avez-vous entendu parler, dans votre pays, d'un enfant confié, en 1814, aux soins du Hollandais Van Helmont, habitant de la ville de Bruxelles... Répondez vite, si vous êtes informée... Cet enfant, c'est moi.

— Ma fille, s'écria la duchesse d'une voix retentissante, et Léontine tomba évanouie sur son sein.

XX.

Le Ver a trop rongé.

Tandis que la duchesse de Meiningen supportait, avec une profonde émotion, le précieux fardeau que la Providence jetait sur ses bras, ses domestiques apportaient des flambeaux : Léontine fut rappelée à la vie par leur grande clarté et par la vivacité de l'air du soir. Ses yeux tombèrent d'abord sur l'officier général.

— Lui! lui! s'écria-t-elle d'une voix déchirante, lui, le comte d'Ornan, l'odieux ravisseur...

— Monsieur, que veut-elle dire? demanda la duchesse en se tournant vers l'homme inculpé.

Mais il était déjà loin; on vit bientôt son habit, à la broderie scintillante, disparaître au détour de la rue des Petits-Augustins... Le comte aussi venait de reconnaître Léontine.

On se hâta de transporter l'orpheline dans la voiture, où elle ne tarda point à reprendre tout-à-fait connaissance. Nous supprimerons les détails, toujours inexprimables, d'une telle reconnaissance. L'épanchement fut long; puis vinrent les éclaircissemens que la duchesse brûlait de donner à sa fille : quelle mère, long-temps séparée de son enfant, n'est pas empressée de lui prouver que jamais elle n'accéda de cœur à une telle séparation!

Ce fut alors que notre jeune Belge apprit que Léopoldine de Meiningen était venue, six mois après son départ précipité de Bruxelles, revendiquer, chez les Van Helmont, le dépôt sacré qu'elle y avait fait; réclamation que les cruels Hollandais avaient repoussée par un faux avis de mort. Dix-sept ans plus tard, les journaux allemands ayant mentionné la fuite de Léontine et les événemens du village belge, Léopoldine, redevenue mère, accourut sur le lieu de la scène; mais sa fille venait de partir avec madame de Saint-Amaranthe. La duchesse pleura, du moins, sur la tombe de son cher Léon Dorval, que les habitans avaient pieusement enterré sous le porche de l'église. Elle donna aussi des larmes au bon Adolphe, qui avait voulu faire le bonheur de sa Léontine; puis notre sensible Allemande poursuivit sa route vers Paris, décidée à ne retourner dans l'état du prince, son frère, qu'après avoir retrouvé sa fille, au mépris même de l'opinion. L'altesse, qui n'avait jamais voulu se marier, jurait que, si le Ciel lui rendait l'objet de sa tendresse maternelle, rien au monde ne la déterminerait à s'en séparer de nouveau.

Mais comment Léopoldine eût-elle pu trouver Léontine, dans la condition abjecte où elle était plongée! Elle parvint cependant à découvrir la Saint-Amaranthe: cette courtisane, atteinte d'une fureur utérine, avait été transférée à Charenton... Léopoldine n'en put d'abord tirer aucun renseignement; la duchesse, à peine âgée de trente-six ans, était encore d'une rare beauté; de plus, elle ressemblait à Léontine; la courtisane couva ses charmes d'un regard ardent; des blasphèmes cyniques affluèrent dans ses discours... Léopoldine s'éloigna avec dégoût. Mais, plus heureuse dans une seconde tentative, elle obtint de la malade quelques notions incertaines... Qui pourra bien apprécier ce dont une mère affectionnée est capable? madame de Meiningen, fille, sœur d'un prince régnant, porta son pied illustre sur l'escalier de la Flambart; elle vit le repaire impur où Léontine avait vécu plus de six mois... Elle n'y était plus; il fallait la chercher dans un réceptacle plus atroce encore : dans ce laboratoire de décomposition putride où la charité conduit le vice... Jeunesse insoucieuse du péril, quand les passions vous entraînent, l'hospice des Capucins est le dernier asile de cet amour qui vous apparaît couronné de roses, l'haleine parfumée, éclatant de séductions... Allez, allez le voir aux Capucins... La bonne duchesse y alla... Nul indice... où donc pouvait-elle chercher sa fille?..... On sait comment elle la retrouva...

Voilà de ces terribles leçons que nous ménage, de temps en temps, la Providence : une mère interposée entre le désespoir d'une jeune fille et la mort, vers laquelle l'infortunée courait.

Léontine raconta à son tour, et souvent les sanglots de sa mère troublèrent son récit. Tant de malheur, tant de prostitution, et, dans cette hideuse carrière, tant de vertu et même d'innocence !... Quel singulier contraste d'inspirations et de destinées !...

— Ma pauvre fille! s'écria Léopoldine, dont les pensées étaient nobles et grandes, qu'importe la profanation de ton corps : le vice a ses bourreaux aussi ; mais l'ame est au-dessus de leur portée; ils ne peuvent l'atteindre pour l'avilir. Léontine, tu es demeurée pure à mes yeux, aux yeux de ta mère... Hélas! je fus plus coupable que toi : ma faute, cher enfant, eut des charmes, des délices.

— Ma mère, vous êtes duchesse.

— Je te comprends; mais tu vas l'être.

— Il est trop tard, répliqua Léontine en secouant la tête; les grandeurs qui accompagnent les égaremens en atténuent, en dorent la renommée... Mais la prostitution, l'indélébile prostitution élevée aux honneurs, exciterait d'autant plus de scandale qu'elle serait placée plus haut et vue de plus loin... Ma mère, ce que j'ose implorer de votre tendresse, c'est l'obscurité... Conduisez-moi au village où périrent mon père et Adolphe; ma vie sera courte : le déshonneur me tuera... Mais, si quelques jours sereins peuvent me luire encore; si, à travers l'atmosphère d'infamie qui m'enveloppe, je puis goûter parfois le charme des objets environnans, ce sera dans le sein du silence, au milieu d'une nature paisible, exclusivement livrée aux deux affections où se concentrent toutes les puissances de mon ame : le regret que me laisse mon honneur irréparablement perdu, et mon amour pour ma mère.

— Chère fille, tu seras satisfaite, répondit la duchesse en pressant Léontine sur son coeur.

— Avant de partir, reprit gravement celle-ci, vous me permettrez d'accomplir un double devoir : je dois au vénérable abbé N*** l'avis du bonheur qui m'est rendu; et la pauvre Saint-Amaranthe a des droits à ma pitié, même à ma reconnaissance, car il n'a pas dépendu d'elle que j'échappasse à l'infamie.

— Ma fille, nous irons à Saint-Jacques-du Haut-Pas et à Charenton.

Elles y allèrent.

— Monsieur l'abbé N***, dit Léontine au portier qui vint, le bonnet à la main, lui parler à la voiture?

— Le voici, répondit froidement cet homme en montrant une bière exposée sous la porte-cochère... Il a fait du bien toute sa vie; le cher homme va compter avec Dieu... Celui-là, j'en réponds, sera riche là haut.

Les chevaux partirent au grand trot, et, pourtant, le portier entendit les sanglots de Léontine.

La mort avait aussi plané sur Charenton : madame de Saint-Amaranthe venait d'expirer dans un accès violent, durant lequel on l'avait entendue répéter à chaque instant les noms de Léontine et de Léopoldine :

cette infortunée était morte furieuse d'amour pour la mère et la fille.

Mesdames de Meiningen partirent le lendemain pour la Belgique. Léontine fut établie, selon ses vœux, près des mânes de son père et de son amant. Elle eut une maison, un brillant état; toutes les distractions lui furent prodiguées. Tous les mois, sa tendre mère, qui ne pouvait qu'étendre, mais non pas briser sa chaîne brillante, faisait une excursion au village belge, et, après un séjour trop rapide, elle retournait à Meiningen, bercée de l'espoir d'un nouveau voyage... Mais ces courses d'une tendresse aussi active que profonde ne devaient pas durer : un soir, Léopoldine trouva la maison de sa fille sombre et silencieuse... Le ver qu'elle portait au cœur, le sentiment de son déshonneur, l'avait tuée.

Déjà, sur une tablette de marbre, parallèle à celle qui surmontait la fosse d'Adolphe et portait ces mots : *Il l'attend*, on lisait : *Elle est venue.*

L'inconsolable Léopoldine fit graver au-dessous : *Adolphe Imbert*, une flèche couchée traversant deux cœurs, puis, à l'extrémité de ce signe, *Léontine, comtesse de Meiningen.* Sur la pierre d'une tombe, au moins, la philosophie donna un démenti au fatal préjugé qui déshonore une pauvre femme sans retour, sans examen, sans se rendre compte des motifs du mépris dont il l'inonde. Hélas! si vertueuse qu'elle fût, que pouvait Léontine contre les arrêts de la destinée, contre l'empire du besoin, surtout contre la puissance du vice? Qui donc ignore que le vice brise, en se jouant, l'égide de la vertu, et qu'il l'enchaîne d'autorité, s'il ne peut la subjuguer par séduction?

LES FILLES

DU

PARFUMEUR.

Une bonne partie des événemens rapportés dans cette nouvelle est historique. L'épisode de Rose Luquet, jusqu'à l'année 1814, a été racontée par l'empereur Napoléon lui-même au brave général Legrand; nous le tenons de deux témoins auriculaires. La fin du même épisode est également vraie ; mais elle appartient à d'autres aventures.

Le Baptême.

Le vingt-cinq juin, mil huit cent dix, vers minuit, on entendit, rue de Richelieu, les pas d'un grand nombre de chevaux; trois piqueurs à cheval, en habit vert galonné d'or, en bottes largement évasées du haut, précédaient, la torche au poing, un brillant équipage, qu'escortaient plusieurs officiers, bien montés et tout chamarrés de broderies et de décorations. Derrière la voiture, marchait un escadron de dragons, dont les casques étincelaient sous le jet lumineux des réverbères.

Ce soir-là on avait joué à l'Opéra *le Triomphe de Trajan;* les allusions semées dans l'ouvrage avaient été saisies avec enthousiasme, avec ivresse : enthousiasme vrai; ivresse sans vues cupides... c'était le temps... car, s'il est ridicule de chanter jusqu'à satiété les *Francès* rimant avec les *succès*, ils font rire de pitié ceux qui se dressent sur leurs petits pieds contemporains pour égratigner, d'une griffe envieuse mais défaillante, cette époque prodigieuse : nous ne la rapetisserons pas en guindant la nôtre au sommet de nos prétentions.

Le brillant équipage avait fait à peine cinquante pas lorsqu'il s'arrêta; une tête aux cheveux ras, s'élevant peu entre deux larges épaules garnies de torsades modestes, sortit de la portière, et l'on entendit une voix qu'aiguisait un léger accent méridional... C'était la voix de Napoléon.

— Roustan, dit le grand homme, mets pied à terre? et demande des nouvelles de madame Desmares, la femme de mon parfumeur.

— A l'instant, sire, répondit le mameluk favori.

Et Roustan sauta légèrement sur le pavé, et son poing cuivré heurta la fermeture du magasin, où l'on apercevait encore de la lumière.... Un jeune commis ouvrit précipitamment... Il avait entendu : « De la part de l'empereur. » Monsieur Desmares était en ce moment occupé à faire sa caisse;

il se leva, étourdi du nom colossal qui frappait son oreille; dans une rapide locomotion, son pied accrocha d'abord un tabouret, puis le comptoir, puis une grande cruche de pommade de Grasse, qui fut brisée du coup.

— L'empereur! s'écriait, chemin faisant, l'honnête parfumeur; sa Majesté me manderait-elle au château?

— Non, monsieur Desmares, répondit Roustan; l'empereur est là, arrêté devant votre porte; il désire savoir des nouvelles de Madame..., hâtez-vous...

— Dieu! quel honneur... Je cours.. le plus grand souverain du monde!... grâce au ciel les couches ont été heureuses... le vainqueur de tous les potentats...! une petite fille jolie comme un ange... l'immortel auteur du code!... le lait commence à venir... le restaurateur des autels!... les seins sont un peu durs; mais...

— Vous direz tout cela à sa majesté; je crains qu'elle ne s'impatiente...

— Me voici, me voici...

Alors se produisit devant Napoléon un petit homme, gros, joufflu, incroyable de l'an III, dont la mise affectée ressemblait à l'élégance, comme le déguisement d'un Turc de carnaval ressemble au costume du grand visir. Il fallait avoir l'esprit bien morose pour ne pas rire en voyant le crêpé, poudré à blanc, qui encadrait d'un fer à cheval de givre la rouge trogne de M. Desmares; crêpé toujours ambitieux, quoique veuf d'une queue, qu'il avait fallu sacrifier aux exigences modernes. Toutefois l'empereur garda son sérieux.

— Enfin vous voilà père, dit-il au parfumeur avec sa volubilité ordinaire; c'est sans doute un gros garçon? solidement constitué comme vous l'êtes : on ne s'amuse pas à débuter dans la paternité par l'émission d'une fille....Vous en ferez une plus tard pour vendre vos essences et votre poudre à la maréchale.... Quant au jeune homme, je me charge de son éducation : nous l'enverrons à Saint-Cyr ; je veux qu'il s'accoutume à l'odeur d'une autre poudre.... Nous en ferons, mon cher, un capitaine dans ma garde.

— Sire, c'est trop de bonté, trop d'honneur, répondit Desmares, qui ne cessait de s'incliner et de racler le pavé avec la semelle de ses pantoufles rouges...; mais pour le moment, les faveurs de votre majesté ne peuvent profiter qu'à....

— Qu'à un enfant au maillot, je le sais bien ; mais il grandira, et dans son temps, il lui faudra....

— Un mari, sire....

— Bah! c'est une fille?... Ces pères de Paris n'en font pas d'autres... Allons, allons, n'importe, j'en aurai soin.... Est-elle jolie au moins?...

— En vérité, sire, je crois qu'elle sera charmante....

— Qu'est-ce que je vas lui demander-là? Est-ce que je ne devrais pas me rappeler la fable du hibou? — Napoléon se tourna vers la jeune impératrice Marie-Louise, qui, penchée sur les coussins de la voiture, n'avait pas encore cessé de rire du fer à cheval au givre, entourant un visage qu'on eût dit taillé dans une grosse betterave.

— Madame, poursuivit l'empereur, je vous prie de choisir pour marraine une dame de vos atours; je choisirai le parrain parmi mes chambellans.... Nous prendrons cela dans le faubourg Saint-Germain.... Je veux absolument que les nobles de ce quartier donnent la main au commerce de la rive droite.... Vous verrez, vous verrez ; je parviendrai à réunir, à fondre les vieux orgueils avec les célébrités, les hautes intelligences, les honorables industries du jour... Oui, ce n'est point une chimère, je les fondrai....

— Comme l'huile et le vinaigre dans la salade, dit en secouant la tête et à demi-voix le brave Bessières, dont le cheval arabe piaffait à la portière de droite....

— Que dites-vous, maréchal, demanda Napoléon qui n'avait saisi qu'en partie cette réflexion.

— Je dis, sire, que pour opérer cette fusion, il faudra battre long-temps le mélange.

— Oh! vous, qui êtes le modèle de mes grognards, comme leur chef, on ne saurait vous faire croire à rien.

— Pardon, sire, je crois aux ruses, aux perfidies des ennemis trop faibles pour se montrer audacieux.

— Je vous entends, Bessières; mais soyez tranquille, je sais pénétrer les sourires qui mentent.... Puis, s'adressant au parfumeur, Napoléon continua : bonsoir, Desmares, soignez bien l'accouchée, je songerai au baptême.... Et sur un signe bien connu, l'écuyer donna l'ordre du départ, avant que l'estimable marchand eût trouvé, dans son imagination un peu lente, une formule de remercîment.

La voiture repartit; les fers des chevaux recommencèrent à frapper en cadence le pavé, de temps en temps lumineux; et les piqueurs, qui galopaient vingt pas en avant du cortège, firent de nouveau glisser le reflet de leurs torches sur la façade éteinte des maisons.

Le parfumeur, debout devant sa porte,

cherchait encore, peut-être, une réponse respectueuse aux paroles obligeantes de son illustre protecteur, et déjà l'équipage avec sa suite, engagés dans la rue Saint-Honoré, ne faisaient plus entendre qu'un bruit lointain, qui s'affaiblit vite et cessa bientôt. Enfin M. Desmares, sentant la fraîcheur des nuits tomber sur sa tête, plus garnie de poudre que de cheveux, rentra, ferma sa boutique, qui devint sombre à l'instant, tandis qu'un surcroît de lumière parut dans la chambre de l'accouchée, située au-dessus du magasin.

Madame Desmares se trouvait dans le plus fort paroxisme de la fièvre de lait; son prudent époux craignit d'en augmenter encore l'intensité par une puissante émotion; il tût, pour le moment, à la dame, l'excellente nouvelle qu'il avait à lui apprendre, et je crois qu'il importe peu à l'intérêt de notre histoire d'expliquer comment elle en fut informée un peu plus tard.

Quatre jours après son accouchement, madame Desmares, qui, pour que vous le sachiez, lecteur, était une brune fort belle, âgée d'environ vingt-neuf ans; madame Desmares, attendant le parrain et la marraine de choix impérial, avait mis un battant-l'œil fort coquet; autour de l'oreiller sur lequel reposait sa tête, circulait, en plis festonnés, une garniture de fine mousseline; et les blanches mains de la parfumeuse étaient endiamantées dans son lit comme pour aller au bal. La nouvelle née poussait des cris fort doux aux oreilles paternelles ou maternelles, mais en général peu flatteurs, du fond d'un berceau élégamment recouvert d'une mousseline brodée, avec transparent rose, selon l'usage inflexible qui veut que toute progéniture féminine soit signalée par la couleur des amours. La croisée entr'ouverte, devant laquelle se croisait un double rideau, laissait échapper quelques nuages de fumée odoriférante, s'élevant d'une cassolette de bronze où Desmares faisait brûler un parfum d'Orient; utile correctif auprès du berceau, tout élégant qu'il était.

Le nouveau papa, frisé à l'extraordinaire, habit, veste, culotte et bas noirs, jabot de maline badinant sur la poitrine, un gros solitaire au doigt, se trouvait debout au milieu de la chambre, regardant s'il ne restait pas en quelque coin des traces de la poussière dont il venait de purger pendule, vases, flambeaux, cabaret, commode, guéridon, secrétaire et piano..... Oui, lecteur, un piano, d'Érard encore, à six octaves, quatre pédales et tambourin, rien de moins, sur mon honneur.... car madame Desmares était musicienne. Moi qui vous parle, je lui ai entendu exécuter très-proprement, je vous assure, la première symphonie de l'œuvre de Beethowen, qu'elle n'avait guère étudiée que six mois; de plus elle chantait et accompagnait très-agréablement *partant pour la Syrie*. Du reste, prenez bonne note, je vous prie, de l'instrument dont je vous révèle l'existence; il jouera peut-être un rôle dans cette véridique histoire.

Monsieur Desmares avait reconnu, avec une satisfaction quelque peu orgueilleuse, que tout était en ordre dans l'appartement de sa femme, lorsqu'une voiture de la cour s'arrêta devant le magasin. Un monsieur, portant un frac cramoisi brodé en or, dessous blanc, souliers à boucles d'or et chapeau à plumes, sous le bras, descendit le premier de l'équipage; puis il tendit la main à une femme, jolie, svelte et toujours jeune en dépit de son âge: c'était madame la comtesse de L***. Je pourrais bien vous désigner aussi clairement le courtisan que j'introduis en scène ; mais j'ai, pour m'en abstenir, des raisons que vous serez bientôt à même d'apprécier : ce sera donc, s'il vous plaît, le parrain ou le chambellan, ou, si vous voulez absolument un nom, ce sera le comte d'Aiguerande. Les deux personnages distingués firent leur entrée dans la chambre de l'accouchée, avec cette aisance, cette grâce particulière que donnent le rang et la fortune ; qualités que la prévention aperçoit d'ailleurs même où elles n'existent pas.

— Cette chère madame Desmares, dit la comtesse en courant au lit de l'accouchée, avec une combinaison de petits pas copiée de madame Gardel.... Que je suis donc heureuse du choix de l'impératrice ! il y a bien long-temps que je désire vous témoigner combien je vous aime.... Vos gants sont si fins, vos pâtes d'amande si douces, vos cosmétiques si favorables à la peau, vos essences si suaves..... En vérité c'est une dette de reconnaissance que je vais payer à ma jolie filleule....

— Madame la comtesse oublie les deux premiers articles de mes magasins, dit le malavisé Desmares en caressant son jabot; mon rouge végétal et le vinaigre qui....

— Je ne m'en sers pas, répondit sèchement madame de L*** en laissant tomber sur le maladroit un regard moitié dédaigneux, moitié courroucé....

— Sans doute, mon ami, se hâta d'affirmer la parfumeuse, madame n'a jamais fait usage de ces produits, avec son teint de rose, sa fraîcheur, sa jeunesse....

En ce moment le chambellan tourna sur le talon gauche pour dérober à sa commère l'expression, sinon maligne du moins ironique, envoyée sur son visage par le replâtrage de madame Desmares...

— Mais où est donc notre jolie filleule, reprit madame de L***, que je l'embrasse...! Ah! je l'entends.... écoutez-la donc, monsieur le comte, ses cris sont presque harmonieux.

— Oui, comtesse, je m'imaginais aussi que mon aîné criait délicieusement : cela dura, je crois, trois semaines, et je vous avoue qu'ensuite je trouvais cette musique-là cruelle, surtout quand elle m'éveillait à deux heures du matin...

— Sybarite que froisse une feuille de rose pliée en deux! reprit en riant la dame du palais.

— Pas précisément, madame; mais en vérité il faut s'aider d'une illusion, ou bien poétique ou bien paternelle, pour trouver harmonieux les cris d'un enfant nouveau né.... Ah ça! que font donc Germain et Victor qu'ils ne montent pas?... Mais je les entends.

En effet, deux grands laquais à la livrée impériale entrèrent bientôt, chargés de présens appropriés à la circonstance, d'un prix assez considérable, et au choix desquels semblait avoir présidé un goût exquis....

— Tout ceci, dit la comtesse, a été acheté par l'empereur et l'impératrice, eux-mêmes, qui, bras dessus bras dessous, ont couru hier les magasins comme deux bons bourgeois du Marais.

— Leur bonté éclairée ne s'est pas moins signalée dans le choix du parrain et de la marraine, répondit la parfumeuse, qui n'était pas une femme sans habitude du monde.

— Vous devez plus que vous ne pensez à leurs majestés, dit gravement le parrain en ouvrant un papier, trouvé dans la corbeille de baptême; voyez ajouta-t-il en le présentant au parfumeur.

— Une inscription de trois mille livres de de rente, s'écria Desmares.... Dieux! que de générosité....! Ah! quel grand homme la providence nous a donné pour souverain....

— Hélas! monsieur Desmares, que vous devez regretter de n'avoir rien fait pour mériter de pareils bienfaits, s'écria l'accouchée en soupirant.

— En vérité, madame, répliqua l'honnête marchand, vous n'avez pas fait d'avantage. L'empereur aime les parfums, nous avons eu le bonheur de lui en fournir d'excellens; voilà tout notre mérite; mais sa majesté est si généreuse que les plus petits services obtiennent d'elle un prix éclatant.

Cependant le parrain, la marraine, le parfumeur, un médecin-accoucheur et une nourrice emportant la petite fille, montèrent dans deux voitures et se rendirent d'abord à la mairie, puis à Saint-Roch. On a raconté trop de baptêmes; cette initiation à la vie chrétienne a donné lieu à trop de descriptions d'arceaux gothiques, de vitraux aux vifs coloris, d'orgues murmurant un chant mélancolique, pour que j'ajoute encore à ces vaines redondances; je ne dirai qu'une seule circonstance de la double cérémonie, c'est que la petite Desmares y reçut les prénoms de Louise-Angélique-Napoléontine : ce fut ce dernier qu'elle conserva.

II.

𝕷ui !!!

Je ne sais en vérité si , vous , lecteur, qui ne manquez ni de pénétration ni de connaissances historiques, il ne vous serait pas venu à l'idée que Napoléon était tro pami de l'économie pour se conduire d'une m nière si vaguement généreuse, et cela envers un simple parfumeur. Il est d'une vérité constatée que ce héros aimait beaucoup les parfums; que, dans sa jeunessse surtout, son linge en était toujours imprégné; et je l'ai vu plus d'une fois, à l'armée, tirer un flacon semblable à ceux de nos toilettes, de ses fontes de pistolets. Mais ceci ne suffit pas pour motiver une sollicitude presque tendre; je soupçonne que vous lui cherchez une autre cause, et vous avez raison. Moi aussi je l'ai cherchée, cette cause; je l'ai découverte; je vous en dois la confidence; écoutez :

Un soir d'automne, en l'an IV de la république, quelques jours avant le 13 vendémiaire, Bonaparte, âgé de vingt-quatre ans et quelques mois, suivait tristement la rue des Saints-Pères; il allait rentrer à l'état-major de l'intérieur, alors établi au coin de cette rue, dans l'hôtel où le libraire Ladvocat a fait, comme vous le savez, des entreprises éminemment nationales, et s'est déclaré le protecteur des gens de lettres, opulens aujourd'hui de ses bienfaits. Le jeune général songeait au coup d'état martial dont Barras prévoyait dejà la nécessité, et qu'il comptait confier à la prudence du vainqueur de Toulon. Cette mission lui répugnait. Sans doute plusieurs sections se mettaient depuis quelque temps en hostilités ouvertes contre le pouvoir, sinon sage et paternel, du moins légal de la convention. De plus l'influence du comte de Lille dans ces menées, quoique peut-être inconnue des séditieux en général, était évidente pour les hommes versés dans la politique.... Mais opposer la force aux citoyens, faire tonner le canon sur des hommes abusés d'une part, mécontens avec beaucoup de raison d'autre part : cette extrêmité froissait cruellement le patriotisme encore subsistant de Bonaparte.... Ses pensées étaient sombres.

Tout-à-coup il voit venir à lui une forme blanche et svelte, sortant de la rue de Verneuil. C'était une jeune fille de quinze ans au plus; elle avait quelque beauté; sa tournure était gracieuse. Rassurée par l'habit du général, elle s'avança jusqu'à lui et le pria, à travers un déluge de larmes, d'être son protecteur, sans quoi, ajouta-t-elle, il ne lui restait que le parti de se jeter à l'eau.

— Mon Dieu, ma belle enfant, disposez de moi; si je puis quelque chose pour votre service, répondit Bonaparte en faisant asseoir la jeune fille à côté de lui, sur un banc que vous pouvez voir encore rue des Saints-Pères, vis-à-vis la rue de Verneuil. Voyons, contez-moi vos peines; je vous écoute bien attentivement.

— Je m'appelle Rose Luquet, reprit la jeune fille; mon père, ancien soldat aux gardes françaises, puis officier de volontaires, a servi la patrie avec distinction; maintenant c'est un bon patriote, un citoyen actif, des plus zélés, qui monte sa garde lui-même, et ne manque jamais aux séances du club. Ma pauvre mère, qui l'avait accompagné dans ses campagnes, a été tuée à Landrecy..... Excellente femme! un boulet la coupa en deux sur le rempart, pendant qu'elle versait un petit verre d'eau-de-vie à son mari!... Le cher homme fut tout couvert de son sang; c'était à fendre le cœur....

— Est-ce que vous étiez là, mon enfant; demanda le général.

— Non, citoyen, répondit Rose Luquet; mon père m'avait laissée chez sa sœur, qui tenait, rue Saint-Antoine, une petite école de filles. Mais il m'a souvent fait le tableau de cette catastrophe : il l'avait, disait-il, toujours sous les yeux.

« Cependant ce souvenir lugubre s'est effacé au bout d'un an; car mon père, qui avait obtenu sa retraite pour blessures graves, a pris une seconde femme. Etant demoiselle, ma belle-mère tenait déjà un petit commerce de mercerie au coin des rues de Beaune et de Verneuil : s'il faisait jour nous pourrions voir d'ici le gros gant rouge pendu au-dessus du magasin. Ce fonds-là lui a été donné par un monsieur, qu'elle appelle son cousin.

« Vous savez peut-être, citoyen, ce que c'est qu'une belle-mère; pour moi, je l'éprouve cruellement. Je n'ai pas encore quinze ans accomplis, et je puis dire que je suis utile à la boutique. Eh bien ! madame Luquet ne m'en tient aucun compte : plus je fais, plus elle exige, et jamais je n'ai le moindre agrément... ah! mon Dieu non, citoyen: toujours travailler, sans délassement, sans récréation, c'est bien dur.

— Votre père est donc bien faible, interrompit brusquement Bonaparte; j'ai mauvaise idée d'un militaire qui se laisse dominer à ce point.

— Je vous assure que toute l'armée a connu la bravoure de Pierre Luquet : il a les plus belles attestations des généraux et des représentans du peuple. Mais j'ai entendu dire que des hommes, fort braves sur le champ de bataille, sont quelquefois des poules mouillées dans leur ménage.

— C'est vrai, j'en ai connu qui étaient comme cela.—Peut-être Bonapartee pnsait-il en ce moment à Moreau.

— Ce matin, pourtant, continua Rose, une des mes amies, qui vient quelquefois me tenir compagnie quand je suis seule à la boutique, a tant prié ma belle-mère de me permettre d'aller avec elle et sa mère au Vaudeville, que la citoyenne Luquet s'est décidée à m'accorder cette permission, en me prescrivant d'être rentrée à onze heures... Il faut tout dire, mes bonnes voisines, cette fois comme d'autres, auraient échoué dans leur démarche, si ma belle-mère n'avait pas eu des affaires d'intérêt à régler avec son cousin, qui devait venir aussitôt que mon père serait parti pour aller jouer sa poule à l'estaminet.

« Nous croyions, mes voisines et moi, que la parole d'une mercière ne serait pas aussi strictement obligatoire qu'un roulement de caserne; nous avons voulu voir tout le spectacle... onze heures trois quarts sonnaient quand nous frappions chez nous. On était couché; la mère de mon amie a frappé plus fort, et chaque coup donné sur la porte retentissait jusqu'au fond de mon cœur. Il battait à me briser la poitrine..; je tremblais comme la feuille agitée par le vent. Enfin mon père et ma belle-mère ont paru à la fenêtre de notre entresol... Lui jurait bien fort contre moi; elle rugissait, me menaçait du poing et déclarait que je ne rentrerais pas. Mon père voulait cependant descendre m'ouvrir; mais la citoyenne Luquet s'est mise à blasphémer avec des démonstrations de colère si effrayantes que j'ai pris la fuite, et me voilà.

— Pauvre petite! dit le général avec l'accent d'une douce pitié, vous tremblez encore! Aussi cette robe est bien légère, au mois d'octobre, ajouta-t-il en touchant le blanc tissu dont il parlait... c'est une fine mousseline!

— Pardon, citoyen, c'est de la batiste....

— De la batiste!... ah! venez, venez vite,

mademoiselle, que je vous reconduise chez votre père... ne restez pas plus long-temps avec moi... cette robe de batiste... c'est un talisman..... un philtre dont je ne sera ispas maître (1)... A Valence, il y avait aussi une robe de batiste... des promenades du soir, une atmosphère ardente, des bosquets remplis de fleurs... Ah! je fus coupable, bien coupable..! Naïve enfant, elle avait tant d'innocence!... Allons, Rose, poursuivit Bonaparte en se levant avec précipitation, conduisez-moi; je vais prier votre père de vous ouvrir la porte; je le lui ordonnerai s'il le faut... je commande à Paris. En ce moment la jeune fille vit étinceler le regard de son protecteur. Ils marchèrent vers la rue de Beaune.

(1) J'ai mentionné quelque part déjà l'effet magique produit sur le grand homme par une robe de batiste; Je tiens cette particularité d'une dame du palais qui, peut-être, en était pertinemment informée.

Les deux voisines ne s'étaient pas encore éloignées du magasin de mercerie : la mère intercédait toujours pour la fugitive Rose, tout en exprimant la crainte qu'elle ne fût allée se jeter à la rivière ; ce à quoi madame Luquet, marâtre renforcée, répondait : « Tant mieux, nous en serons débarrassés. »

La face des choses changea lorsque l'ancien officier vit, à la clarté du reverbère, Rose s'avancer vers la maison, accompagnée d'un conducteur dont il reconnut sur-le-champ le grade à la broderie d'or, qui courait sur son frac à larges revers, et au panache tricolore qui surmontait son chapeau.

— Silence, femme : ou j'ai la berlue ou voilà ma fille, soutenue d'un renfort majeur... elle vient avec un général ; attention à la consigne... allons, citoyenne Luquet, en serre-file, j'avance à l'ordre.

— Citoyen, dit Bonaparte en élevant la

voix, cette jeune personne m'a trouvé, par bonheur, sur son chemin à l'instant où, fuyant, effrayée, éperdue, les mauvais traitemens dont vous la menaciez, elle allait peut-être s'abandonner au désespoir.. Au nom de l'ordre public, mais surtout au nom de l'humanité, je vous invite à recevoir votre fille.

— Mais, citoyen, voulut dire l'irascible mercière...

— Silence et immobilité! s'écria Luquet. Puis il ajouta en touchant son bonnet de nuit : Respect aux chefs; je descends, mon général.

En effet peu d'instans après, une lumière parut à travers l'imposte du magasin, et la porte fut ouverte presque aussitôt par le citoyen Luquet, en simple caleçon. Il était suivi de sa terrible moitié, jalouse de défendre pied à pied son autorité semi-maternelle. C'était une grosse, fraîche, jeune femme, dont plus d'un amateur eût été volontiers le cousin; mais elle ne portait pas une robe de batiste: le futur empereur la regarda sévèrement, et l'œil d'aigle qui devait fasciner un jour les rois paralysa sa langue malveillante. Rose courut se jeter dans les bras de son père, puis dans ceux de la citoyenne Luquet, qui la repoussa brutalement....

— C'est vrai, dit l'ancien militaire pour justifier ce mouvement de sa femme; c'est vrai, Rose, que tu as manqué à l'appel, et que cela mérite punition.

—Est-ce que vous n'y avez pas manqué plus d'une fois, citoyen Luquet, quand vous étiez aux Gardes Françaises? répondit le général, et pour cela, vous a-t-on chassé du régiment? Il serait atroce d'être, en votre qualité de père, plus rigoureux que ne le fut alors votre colonel.

— C'est juste, mon général, j'avais tort.

— Et, vous, citoyenne, avez-vous des reproches à faire à votre belle-fille ? voyons, répondez franchement.

— Mais il me semble, citoyen, que personne n'a le droit....

— Femme, répondez au général, dit Luquet d'un ton impérieux....

— Des reproches, des reproches !... sans doute j'en aurais.... tous les matins le devant de la boutique est balayé tard ; dans la journée, pendant qu'elle travaille, une mouche qui vole lui fait lever les yeux... et ce soir, rentrer à onze heures trois quarts !....

— Citoyenne, répliqua Bonaparte d'un ton bref et en fixant sur la mercière des yeux qui firent baisser les siens, je désire que'à l'âge de mademoiselle, vous n'ayez pas commis de fautes plus graves que les siennes. Ecoutez, citoyen Luquet, poursuivit le jeune officier général en se tournant vers le mari dépendant, l'autorité n'a certainement aucune action à exercer dans les familles quand l'ordre de la société n'est pas troublé ; mais il l'est lorsqu'un père cesse d'être le protecteur de ses enfans, et les abandonne aux persécutions d'une injuste animosité. Or si la nature oublie ses devoirs, les organes de la loi doivent les lui rappeler ; je vous déclare donc que j'ai quelque autorité dans la place de Paris et que j'aurai les yeux ouverts sur vous... Mademoiselle Rose, vous êtes sous la protection de la loi. Entendez-vous, citoyenne Luquet... Il n'y a pas loin d'ici à l'état-major, et mes oreilles sont fines.... Bonsoir....

Personne ne répliqua ; la citoyenne Luquet fit une sortie de rivale sacrifiée ; Rose reçut de Bonaparte un baiser sur le front, l'ex-militaire reconduisit le général, son bonnet à la main ; et les deux voisines, qui sortirent avec lui, se répandirent en remercîmens verbeux jusqu'à leur porte, où la plus profonde révérence termina ces litanies rémunératrices.

Deux mois s'étaient écoulés depuis cette conciliation nocturne; il était sept heures du matin; Bonaparte, mal consolé de sa victoire du 13 vendémiaire, Bonaparte général en chef de l'intérieur, et déjà pressenti sur le commandement de l'armée d'Italie, examinait avec attention une carte de cette péninsule, étendue sur son bureau.... Tout-à-coup, on frappe doucement, bien doucement à la porte; le général répond entrez d'une voix brusque, d'une voix militaire... on hésite, on tourne gauchement le bouton... Le pétulant officier, impatienté, court ouvrir.... C'est mademoiselle Luquet, Rose, par le teint comme en son nom, le sein palpitant, la démarche incertaine... mademoiselle Luquet en robe de batiste.....

— Quoi ! c'est vous? mademoiselle, dit Bonaparte d'un ton singulièrement mélangé de trouble, de sévérité et même de mécontentement.

—Pardonnez-moi, général, répondit Rose, qui ne sut lire que de la sévérité sur la physionomie de son protecteur... Personne ne m'a vue.... je me suis glissée ici comme une ombre... Ah! de grâce ne me chassez pas... je suis si malheureuse! Et la pauvre enfant joignait ses jolies mains ; elle allait se mettre à genoux......

—Rose, Rose, que faites-vous? s'écria Bonaparte avec attendrissement. Vilaine figure que la mienne; elle dit toujours plus que je ne lui commande de dire..... Calmez-vous, petite; vous savez que je me suis déclaré votre défenseur, et je vois qu'on vous a fait encore des peines.... Venez me conter vos nouveaux chagrins.—A ces mots, le général prit sa protégée par la main et la conduisit à un canapé, où il la fit asseoir à ses cotés. Elle prit la parole.

— Je ne puis plus y tenir, général; depuis le soir où vous m'avez reconduite, ma belle-mère n'ose pas me maltraiter; mais mon pauvre père est tourmenté comme une ame damnée... C'est un enfer que la maison! J'aurais souffert, moi, mon bon général; mais l'auteur de mes jours, malheureux à cause de moi!... Non, je préférerais la mort......

— Charmant naturel, Rose...! et avec cela de la candeur, de l'innocence. Tranquillisez-vous, j'arrangerai tout cela.... Oui, je conçois que vous ne pouvez rester dans cette maison; il faut trouver le moyen de vous placer : je vais m'en occuper dès aujourd'hui... Diable! diable! Un général d'artillerie ne s'entend guère à ce genre d'entremise.

— Ah! je suis assez entendue dans la

mercerie et la lingerie.... je sais bien plisser, gaufrer, rucher.

— Ah! puisque vous savez gaufrer et rucher...... oui, je pense qu'il est facile..... cependant je ne prévois pas.... Enfin je verrai... Rose, revenez demain matin à la même heure...

— Général, c'est que..... je n'oserai pas vous le dire....

— Si, si; osez, mon enfant.

— Eh bien! je ne puis plus retourner chez la mercière : j'ai laissé un mot sur la table de ma chambre, où je dis que je ne rentrerai plus...

— Il fallait donc vous assurer un logement chez la voisine, au moins pour quelques jours......

— Non, général, cela n'était pas convenable; la voisine se conduit mal...

—Bien, bien, Rose...... et je vous remercie

de la préference..... J'en serai digne; mais ne mettez plus cette robe.

Mademoiselle Luquet ne répondit rien et baissa les yeux.

— Oh, ça ! nous allons partir ensemble ; vous prendrez une petite chambre en attendant que j'aie trouvé à vous placer chez une lingère, renommée surtout pour ses bonnes mœurs.... J'en parlerai à madame de Beauharnais.

— Général, porte-t-elle des robes de batiste, madame de Beauharnais, demanda la jeune fille, qui attachait à cette question une intention qu'elle était loin de comprendre dans toute son étendue.

Bonaparte éludant sa réponse, se prit à plier la carte d'Italie ; puis, après avoir mis une rédingote et un chapeau rond, il dit à sa protégée : Sortons !

C'eût été un spectacle curieux pour un

observateur, doué de la prescience, de voir l'apprenti dominateur du monde donnant le bras à une apprentie lingère. Ils remontèrent les quais et s'arrêtèrent au café qui fait le coin de la rue Dauphine, alors appelée rue de Thionville. Bonaparte n'avait pas déjeûné; Rose avoua qu'elle déjeûnerait volontiers, n'ayant pu dîner la veille au milieu d'une querelle conjugale. Le couple, si singulièrement formé par la destinée, entra dans le café. Je ne sais si l'avisé limonadier a conservé le guéridon sur lequel se fit ce repas matinal; mais les renseignemens qui me sont parvenus mentionnent que c'était la première des tables de droite, en entrant par le quai.

Le garçon, interrogé sur les chambres garnies du voisinage, répondit qu'il y en avait une dans la maison même, au quatrième. On monta la voir; elle était simple mais propre; vous pouvez la voir du Pont-Neuf: une petite croisée à côté d'une grande.... il y a là, sur les toits, une jolie page d'histoire; car ce que je vous dis est bien vrai. Bonaparte paya un mois d'avance, et Rose s'établit sur-le-champ dans ce petit logement.

— Quand vous serez devenue riche, mon enfant, dit le général en posant une petite bourse de soie verte sur la cheminée, vous me rendrez ceci; mais seulement quand vous serez riche : je refuserais la restitution auparavant. A présent, donnez-moi un petit mot pour votre père, par lequel vous lui demanderez vos effets; s'il les refuse, nous y suppléerons; mais c'est une démarche à faire préalablement. Je vais envoyer un commissionnaire sûr, qui ne saura rien, et des mains duquel mon domestique prendra les effets pour les apporter ici. Trouvez-vous ceci bien conçu?

— Ah! général, que de reconnaissance!

— Voulez-vous m'en donner une preuve, mon enfant...? De grâce ne mettez plus votre robe de batiste.

— Puisqu'elle vous déplaît, général....

— Eh, non ! morbleu, bien au contraire......

— Je vous obéirai, citoyen... et Rose ne réprima qu'à moitié un gros soupir.

— Au revoir, mademoiselle, dit Bonaparte en baisant sa petite protégée au front, je m'occuperai ce soir de vous procurer une place... Il sortit.

Rose ouvrit la bourse, elle renfermait dix louis : c'était un trésor que la pauvre enfant croyait inépuisable. Deux heures après le départ du général, on lui apporta sa petite malle, qui avait été déposée au café. Ainsi, grâce aux précautions délicates du protecteur, il n'y avait que le limonadier et son garçon dans la confidence du domicile nouveau de mademoiselle Luquet... **Le vulgaire eût soupçonné** une bonne fortune ; il n'y avait là qu'une bonne action.

—Dieu ! est-il bon, le citoyen Bonaparte ! s'écria la jeune fille plusieurs fois dans la journée...... Et sa physionomie, comme elle est expressive....! oui, oui...; mais c'est un haut personnage, général en chef.... et moi, je ne suis que la pauvre petite Luquet, qu'il protége par bienfaisauce, par pitié.

Selon sa promesse, Bonaparte parla le soir même de Rose à madame de Beauharnais. Cette ouverture la surprit.

—Comment se fait-il donc, mon ami, que vous ayez, vous, l'homme stoïque, une protégéesi jeune ? Ceci, monsieur le Zénon de vingt-cinq ans, pourrait bien diminuer un peu ma vénération pour vos principes.

—Votre imagination, madame, fait beaucoup de chemin, et ma galanterie n'a pas fait un pas dans cette circonstance; vous en allez juger. Puis Bonaparte raconta candidement ce que vous savez.

—A la bonne heure, reprit en souriant Joséphine; mais ce qui n'a pas eu lieu peut survenir. J'ai bonne envie d'exiger de vous le serment de fidélité prescrit par les vieilles cours d'amour, avant de protéger, à mon tour, votre grisette.... Non; mais c'est qu'il n'y a pas à s'y fier: messieurs les héros ne se piquent de constance qu'envers la gloire, et le plafond incliné de la mansarde plaît à leur humeur aventureuse....

—C'est vous adresser trop d'injures, charmante amie.... Tenez, regardez par là.... Et le général avait conduit sa belle, son éclatante fiancée devant une glace du boudoir, qui reproduisait son image tout entière, avec les contours et les grâces créoles qui distinguaient cette femme séduisante.

— Allons, général, reprit l'ex-vicomtesse avec un sourire coquet, on ne saurait vous tenir rigueur; vous désarmez les gens avec trop de courtoisie. Envoyez-moi demain matin cette jeune fille ; je la conduirai chez ma lingère; il faudra bien qu'elle la reçoive parmi ses demo elles.

Avant de rentrer chez lui, Bonaparte se rendit au café de Foi, où souvent il passait une heure le soir, parce que le café y était excellent, et qu'il y rencontrait de temps en temps quelques condisciples de Brienne ou de l'École militaire, toujours chers à ses souvenirs. Le général écrivit un mot à Rose, le jeta dans la première boîte aux lettres, et elle le reçut à son réveil. Voici ce billet :

« Rendez-vous demain à midi, ma chère
« enfant, chez la citoyenne de Beauharnais,
« rue Chantereine, n..., près la rue du
« Mont-Blanc ; je crois qu'elle réussira à *nous*

« procurer ce qu'il vous faut. Bonsoir,
« Rose, je voudrais bien que vous fussiez
« heureuse.

« BONAPARTE. »

En 1819, un riche étranger offrit deux mille écus à Rose de ces quelques lignes d'une main immortelle. « Je ne les donnerais pas pour deux mille louis, répondit-elle. » Mademoiselle Luquet fut très-bien accueillie par madame de Beauharnais, trop fine, trop adroite pour laisser percer la moindre lueur de sa jalousie, qui s'était réveillée plus vive en voyant la grisette si jolie. Joséphine monta dans un fiacre avec Rose; car, à cette époque, la future impératrice n'avait pas de voiture. On s'arrêta rue Saint-Honoré devant le magasin d'une lingère, dont le nom m'échappe, et qui dut, par la suite, une belle fortune à l'élégante pratique qui descendait en ce moment à sa porte.

La marchande était déjà redevable à madame de Beauharnais d'une multitude de fournitures, faites aux rois transitoires du Luxembourg; elle eût trop craint de la désobliger pour lui refuser ce qu'elle demandait : Rose fut admise au pair, et six cents francs lui furent promis pour l'année suivante, si la maîtresse était contente de son travail. Seulement on ne pouvait la loger immédiatement. Une des demoiselles devait quitter le magasin dans deux mois ; alors mademoiselle Luquet aurait sa portion de chambre ; jusque là, il fallait qu'elle logeât hors de la maison.

Cette circonstance ne contraria pas notre jeune ouvrière; peut-être saurons-nous bientôt pourquoi... Pauvre petite ! à quel espoir se livrait-elle ?... Comme Sémélé, ne pouvait-elle pas être consumée par les rayons de la gloire d'un autre olympien ?...

Bonaparte apprit avec satisfaction que sa gentille protégée avait une place; un matin, de bonne heure, il alla l'en complimenter... Mais hélas ! Rose fut deux mois sans le revoir. Dans cet espace de temps, le pauvre cœur de l'innocente lingère, ce cœur qui se révélait par une passion trop ambitieuse, reçut plusieurs atteintes bien sensibles. Le général épousa madame de Beauharnais, les journaux annoncèrent son départ, et Rose eut à trembler pour les jours de celui qu'elle aimait sans savoir encore au juste à quel titre.

Un soir, le 23 février 1796, je crois, une voiture de poste s'arrêta au coin de la rue de Thionville; un jeune militaire en descendit : c'était le nouveau général en chef de l'armée d'Italie. Il dit à ses gens d'aller l'attendre à la barrière de Fontainebleau; puis il s'élança dans une allée étroite, et se hissa au cinquième étage, à l'aide d'une corde faisant office de rampe.

Rose n'était pas couchée; elle avait les yeux rouges. Un petit papier demeurait ouvert sur sa table; il y était presque collé par les larmes qui l'inondaient.

— Vous si tard, citoyen général, dit mademoiselle Luquet avec cette émotion qu'inspire un danger, même quand on y attache une idée de bonheur.

— Oui, Rose, je pars; la fortune des armes vend cher ses faveurs; vous ne me reverrez peut-être plus... J'aurais éprouvé du malaise à m'éloigner sans vous avoir fait mes adieux... Quel est ce papier, poursuivit Bonaparte en le saisissant avec sa vivacité de mouvemens ordinaire?... Mon billet.. Il est mouillé... Chère enfant, vous avez pleuré?... Pourquoi?

— Pourquoi! s'écria la lingère en sanglottant; pouvez-vous le demander? Parce que je n'ai plus sur la terre d'ami que vous, parce que j'ai un cœur, parce que vous me faites craindre pour vos jours..., parce que je vous aime plus que la vie!— Ces derniers mots avaient fait explosion.

Bonaparte, touché d'un attachement si tendre, saisit Rose dans ses bras, la serra sur son cœur et la couvrit de baisers... Les héros sont des hommes.

Le lendemain, au lever du soleil, la chaise de poste attendait encore à la barrière de Fontainebleau.

Cette faute fut unique dans la vie de Rose Luquet : elle en adorait le souvenir ; elle eut cru redescendre des félicités célestes en se rendant aux vœux d'un autre homme ; et quand la renommée de Bonaparte remplit l'univers, elle se sentit aussi fière des trop rapides adieux de la rue Dauphine que Marie l'immaculée de l'opération du Saint-Esprit.

Au mois de mai 1806, Bonaparte, empereur des Français, roi d'Italie, et Rose Luquet, première demoiselle chez la lingère de la cour, se rencontrèrent, au détour d'une allée, dans le parc de Saint-Cloud. Ce n'était pas le hasard qui produisait cette rencontre : l'ancienne protégée du héros savait que tous les matins il se promenait seul sous les ombrages épais ; sa tête était grosse alors du projet d'une confédération rhénane ; faisceau puissant qui, deux mois plus tard, devait se former autour de la lance déjà si forte de Napoléon. Rose était bien connue au château : souvent elle y venait livrer des marchandises ou faire des recouvremens ; on lui permit volontiers d'entrer dans la partie réservée des jardins quelques instans avant que l'empereur s'y rendît.

Les vues cupides, l'ambition ne guidaient point Rose dans cette démarche : sa richesse, c'était son amour romanesque ; un palais, elle l'eût refusé ; car, pour l'habiter, il aurait fallu quitter sa chambre de la rue Dauphine, qu'elle avait conservée quoiqu'on lui en eût offert une chez sa lingère. Elle y tenait comme le prêtre tient au sanctuaire : là lui était apparu cet éclair de félicité dont le reflet devait s'étendre sur toute sa vie. Mademoiselle Luquet voulait uniquement éprouver si la pensée, où bouillonnaient, comme dans un creuset ardent, les nouvelles destinées du monde, aurait un souvenir pour la jeune fille de l'an IV : elle qui, depuis dix ans, n'avait pas eu une inspiration, un élan d'ame, un battement de cœur étrangers à son cher protecteur !

Napoléon s'arrêta tout court devant celle qu'il appelait autrefois petite, et qui maintenant s'offrait à lui grande, robuste, formée, belle en un mot comme l'est une nature favorisée chez la femme de vingt-cinq ans. Il cherchait à rallier des souvenirs; mais tant de choses s'étaient croisées dans sa mémoire!...

— Mademoiselle, dit le grand homme avec cet accent et ce regard caressans qu'il savait prendre quelquefois, nous nous connaissons, je crois; mais, de grâce, veuillez m'aider un peu...

— Sire, répondit la lingère, en rougissant comme si elle eût voulu rivaliser de coloris avec les roses qui se balançaient à ses côtés, je suis cette jeune fille qui, un soir, dans la rue des Saints-Pères...

—Rose Luquet!

—Dieux! votre majesté daigne se rappeler.

— Chère enfant! est-ce qu'on oublie une fleur qu'on cueillit, une démarche qu'on fit, un soupir qu'on poussa, un baiser qu'on reçut à l'âge que j'avais alors... Mais qu'êtes-vous devenue depuis dix ans ?... Une femme superbe d'abord ; et votre fortune, où en est-elle ?... Mon Dieu, j'ai dû vous paraître bien indifférent... C'est votre faute aussi ; pourquoi n'être pas venue me trouver.

— Sire, la victoire ne vous a pas laissé le temps de songer à la pauvre Rose, et quand vous avez été empereur, j'ai pensé que j'étais trop petite pour que vous me vissiez du haut de votre trône.

— Non, non, ma belle demoiselle, reprit Napoléon en saisissant la main de Rose ; ce trône-là ne pouvait me faire oublier que nous en avons partagé un autre.

— Celui dont vous parlez, sire, répliqua mademoiselle Luquet, en baissant les yeux, fut partagé par le général Bonaparte, jeune, tributaire des passions, excusable dans une dérogation; aujourd'hui c'est le grand Napoléon qui me parle ; je ne dois plus lui montrer que mon admiration, mes respects, ma profonde vénération..., et mon cœur demeurera fidèle au général Bonaparte, comme il l'a été pendant dix ans.

— Oh ! ce matin, ces dix années ont disparu ; me voilà redevenu le simple général de l'an IV... Venez par ici, Rose ; ces chambellans, ces maréchaux, cette cohue de courtisans, qui se tiennent à cinquante pas, me ramènent au temps de l'empire, que je veux oublier.

— Moi, sire, je ne l'oublierai pas, repartit la demoiselle de comptoir en retenant le vainqueur de l'Europe dans une allée découverte, où l'entretien avait eu lieu jusqu'alors... Votre majesté, en rétrogardant vers le passé, produirait une trop grande lacune dans le présent ; laissez-moi, sire, laissez-moi mon bonheur de souvenir, et l'estime que m'ont acquise dix années de conduite irréprochable.

— Rose, voilà qui est très-bien ; je vous félicite sincèrement d'être en même temps une belle personne et une demoiselle aussi sage ; car, mon enfant, j'avoue que vous l'êtes plus que moi ; mais, après tout, je suis sûr que vous me pardonnerez d'avoir manqué un instant de sagesse. Voyons, poursuivit l'empereur en conduisant mademoiselle Luquet vers un banc, asseyons-nous là et causons de votre sort.

— Il est prospère, grâce aux bontés de l'impératrice : je suis première demoiselle chez la lingère de la cour.

— Et vos appointemens sont de...

— Deux mille francs, sire.

— Bel avantage, ma foi !

— On l'envie beaucoup, cependant ; cent

soixante-six francs par mois, sur lesquels je n'ai à payer que la pension de mon père et mon loyer de la rue Dauphine!...

— Quoi! vous avez conservé la petite chambre où...

— Et je la conserverai toute ma vie.

— Je l'espère bien aussi. Mais, chère enfant, vous parlez de la pension de votre père, le gouvernement ne lui en faisait-il pas une ?

— Sire, le paiement des semestres était subordonné à une visite; les blessures qui le motivaient ont disparu; les arrérages ont cessé.

— C'est trop sévère : les beaux services ne s'effacent pas avec les cicatrices, et la plus longue activité n'est pas toujours la meilleure. Je voudrais bien savoir si l'on m'eût refusé une pension pour ma seule campagne d'Italie... Trente ans de service, c'est bon pour des commis aux reins plombés, dont la carrière est réglée comme les oscillations d'une pendule.... Je ferai reviser cette législation : on donnera des retraites plus tôt et plus fortes aux serviteurs qui se battent, administrent, jugent, instruisent; on en accordera plus tard et de plus faibles aux scribes routiniers des bureaux. Revenons. Et le magasin de mercerie?...

— S'est fondu un soir, pendant que mon père faisait sa poule à l'estaminet, et sa femme a disparu avec son prétendu cousin.

— Je m'y attendais. Demain, le lieutenant Luquet entrera aux Invalides. Quant à vous, mon enfant, ajouta Napoléon avec un empressement dont Rose comprit sur-le-champ l'intention délicate, je veux vous marier... Il y a dans ma garde de beaux officiers supérieurs; nous en choisirons un qui vous plaira.

— Non, sire; votre majesté choisira, au contraire, un homme qui ne puisse me plaire; un de ces hommes que l'on aime par devoir. L'affection qui me remplit le cœur n'y laisse de place pour personne.

— Rose, que vous êtes cruelle de me parler ainsi sous la réserve de votre plan de conduite.

— Sire, répondit mademoiselle Luquet avec une vive émotion, c'est qu'il m'est bien doux de faire comprendre à votre majesté que j'éprouve pour elle tout ce qui ne saurait attenter à la gloire de ma bienfaitrice, l'impératrice Joséphine.

— Très-bien, mademoiselle, dit Napoléon en se levant; vous serez satisfaite de tout point.

Un mois après cet entretien, Rose Luquet, femme d'un ancien huissier de la chambre, appelé Desmares et âgé de trente-six ans, s'épanouissait dans un brillant magasin de parfumerie, qu'une dot de soixante mille francs pouvait alimenter, et la maison de la rue Dauphine lui appartenait. Ces dons n'avaient rien coûté à sa vertu, que l'empereur appréciait dignement; par un raffinement exquis de délicatesse, ils paraissaient même venir de l'impératrice. Cet homme-là savait aussi choisir les procédés.

III.

Culte de Souvenirs.

Le sentiment que madame Desmares vouait, par devoir, à son mari, fut, comme vous le verrez maintenant, lecteur, stérile pendant l'espace de quatre ans, puisque l'événement décrit au premier chapitre n'eut lieu qu'en septembre 1810. Mais, par une de ces inégalités créatrices que la physiologie doit expliquer, aujourd'hui qu'elle explique tout, une seconde petite fille naquit chez le parfumeur un an juste après la première.

Cette fois, l'enfant de Rose n'eut pas le brillant patronage de son aînée : Napoléon, déjà profondément occupé de la funeste guerre où devait commencer le déclin de sa fortune, était absorbé par les négociations diplomatiques et les préparatifs militaires. Il laissa à monsieur et madame Desmares le soin de choisir ceux qui tiendraient la petite sur les fonds baptismaux : ce furent un marchand drapier et une riche joaillière, estimables amis de la maison, sans la moindre équivoque sous-entendue. Mademoiselle Desmares seconde se nomma tout simplement Françoise Agathe ; mais l'empereur qui, nonobstant ses graves préoccupations, n'oubliait jamais rien entièrement, fit expédier au nom de cette cadette, comme il l'avait fait pour Napoléontine, l'inscription d'une rente perpétuelle de trois mille francs. La parfumeuse, en recevant ce titre et les félicitations de leurs majestés, poussa un profond soupir... Hélas! ce soupir-là remontait de quinze années le cours du temps.

La destinée paraissait s'être plue à priver Agathe de presque toutes les faveurs dont elle avait comblé Napoléontine : celle-ci pouvait être citée pour le plus joli enfant du quartier : ses yeux bleus brillaient comme le saphir; ses petits traits étaient délicats et réguliers; sous sa peau, aussi fine que blanche, courait, azuré et palpitant, un réseau léger de veines... Puis il y avait beaucoup de Napoléon, mais beaucoup, dans cette physionomie, fille d'une imagination éprise bien plus que d'un amour obligé. Agathe, au contraire, trop fidèle portrait de son père, avait le nez épaté, les yeux petits, la bouche grande, la peau noire ; de plus, la pauvre enfant semblait menacée de rachitisme, et je ne sais quelle inégalité d'omoplates commença à se prononcer dès son sixième mois.

Napoléontine était nourrie à domicile par une bonne paysanne, bien grosse, bien joufflue, et qui, profitant à merveille de la comfortable cuisine du parfumeur, faisait refluer la santé avec son lait dans le tendre organisme de l'enfant. Agathe fut envoyée à Nanterre, chez une de ces nourrices si exactes à percevoir leurs mois, si empressées à demander du sucre dont le pauvre nourrisson ignore complètement la saveur, si ponctuelles à solliciter le renouvellement d'effets usés par leurs propres enfans, mais si oublieuses des soins et de la propreté réclamés par les cris déchirans du pauvre poupon.

Madame Desmares, quoiqu'elle se sentît pencher invinciblement vers Napoléontine, avait l'ame trop belle pour ne pas environner sa fille cadette de la même sollicitude que l'aînée; mais on n'en pouvait dire autant de son mari. Le parfumeur était un sot dans toute l'acception du mot : il va donc sans dire que la vanité, premier attribut de la sottise, étouffait en lui tout sentiment généreux. Il ne se donnait pas même la peine de dissimuler l'aversion qu'il ressentait pour la pauvre Agathe, en dépit de sa ressemblance avec lui : bizarrerie qui, dans une exception au moins, démentait la fable du hibou.

Rose allait tous les dimanches à Nanterre; mais en semaine, la présence d'une femme, surtout d'une jolie femme, dans un magasin de parfumerie, était mal suppléée par un homme court, au visage bourgeonné, et dont les doigts rouges, gros, ronds, paraissaient fort inhabiles à manier les articles de toilette, que les blanches mains de madame Desmares faisaient si bien valoir. Le commerce d'une maison renommée, d'une maison où leurs majestés se fournissaient, ne laissait donc à celle qui la dirigeait que de rares loisirs. A peine le matin, quand on la croyait au bain, se rendait-elle dans son charmant réduit de la rue Dauphine... charmant à ses yeux seuls, car l'ameublement en était d'une extrême simplicité : le lit, les rideaux, la petite commode, le modeste cartel, les deux petits vases dorés qui le flanquaient, la glace de forme vieillie, tout avait été témoin de la nuit fortunée; rien ne manquait au mobilier de l'an IV : il était devenu, tel qu'il se trouvait à cette époque, la propriété de Rose Luquet, long-temps avant que la maison lui appartînt.

Tel était le temple où madame Desmares venait se livrer à son culte de souvenirs. Enfermée sous clé, comme pour consommer une bonne fortune, elle tirait mystérieusement du placard les dix pièces d'or, la bourse verte et le billet du jeune Bonaparte : tout cela avait été mille fois noyé de douces larmes, et en recevait presque chaque jour un nouveau tribut... Puis une mélancolie rêveuse survenait; Rose rougissait, ses yeux s'animaient; elle se levait, courait de nouveau vers le placard et en tirait le blanc tissu qu'un couple enivré avait touché le 23 février 1796... Elle demeurait en contemplation devant, le couvrait de baisers et tombait, privée de forces, les paupières closes, la bouche entr'ouverte, sur un petit canapé, seule addition faite au mobilier de la chambre. Ce fut là, pendant vingt-cinq ans, l'unique bonheur réel que goûta madame Desmares.

Cependant on touchait au terme de l'année 1812; aux chagrins domestiques que causait à la parfumeuse l'éloignement, toujours croissant, de son mari pour leur fille Agathe, se joignait la douloureuse sympathie qu'excitaient les désastres de Napoléon. Madame Desmares tomba dans une langueur contre laquelle luttait heureusement sa constitution saine et robuste; mais elle sentit qu'elle avait besoin des plus actives distractions pour ne pas y succomber. Elle annonça donc au parfumeur, avec l'ascendant que l'esprit et le jugement prennent aisément sur la sottise, qu'elle voulait diriger par elle-même l'éducation physique et plus tard l'instruction de ses filles.

— Il est temps, mon ami, ajouta-t-elle, de

rétablir la balance de sollicitude que vous avez si injustement fait pencher vers notre aînée.

— A votre aise, Rose; mais nous verrons ce que, malgré vos soins, vous ferez de la créature laide et contrefaite que Dieu nous a envoyée après ma jolie Napoléontine....

— Dites-moi, Desmares, vous est-il arrivé de vous regarder dans une glace, en tenant Agathe entre vos bras?...

— Non, par Dieu; je n'ai jamais tenu ainsi cette vilaine petite guenon.

— J'en suis fâchée, car cette petite vilaine guenon-là est, trait pour trait, votre image....

— Ceci, ma femme, n'est pas une douceur.

— Non, mon mari; je vous le donne simplement pour une vérité; et j'ajoute que, si, parce que vous étiez né disgrâcié de la nature, vos parens vous eussent pris en aversion, vous conserveriez d'eux un souvenir peu respectueux.... Tel serait, Monsieur, le sentiment que vous devriez attendre de notre fille Agathe; mais je travaillerai à éviter ce double écart de la nature.

— Vous avez beau dire, quand on verra notre fille aînée, on admirera partout sa gentillesse, son esprit, qui perce déjà quoiqu'elle n'ait que deux ans et demi; pour Agathe, si on ne la renvoie pas à la cuisine, ce sera par pure politesse.

— Il pourrait bien en être tout autrement si je n'y mettais pas ordre; et je gage qu'en vous laissant faire, le caractère de Napoléontine, serait plus laid encore que le physique de sa sœur.

La logique de M. Desmares étant à bout, il prit son chapeau, ses gants, sa canne, et, selon son habitude du soir, il s'en alla faire sa partie de dominos au café Lamblin.

Dès le lendemain, Rose ramena sa fille Agathe à Paris; dès le lendemain aussi, elle travailla à réprimer le dédain avec lequel l'élégante Napoléontine accueillait sa cadette quand elle se trouvait auprès d'elle. Mais madame Desmares sentit son cœur bien gros en voyant des larmes, arrachées par elle, tomber des yeux qui ressemblaient tout-à-fait à ceux de Napoléon..... Soit que la petite rusée eût remarqué cette émotion, soit que déjà son humeur se ressentît de l'impunité avec laquelle ses imperfections enfantines avaient été accueillies jusqu'alors, elle s'écria en heurtant le parquet avec ses petits pieds : — Je le dirai à papa !

— Vous lui direz donc aussi, Napoléontine, que vous avez eu le fouet ?...

Et la correction fut appliquée... comme pouvaient l'appliquer les mains d'une mère, idolâtre de son enfant. La petite fille cessa de pleurer, regarda la correctrice d'un air réfléchi, et courut se jeter dans ses bras en disant :

— Maman, pardon; je ne le ferai plus.

— Vous avez raison, Napoléontine, car si vous continuiez à vous montrer aussi méchante, votre vilaine ame se réfléchirait sur votre visage : vous deviendriez laide à faire peur.....

— Comme le loup, bonne maman ?...

— Oui, ma fille....

— Je vais être bien sage....

— Commencez donc par embrasser votre sœur....

— Oui, maman.... Puis elle ajouta après une pose : Agathe a donc une vilaine ame, puisqu'elle est laide ?

Madame Desmares n'avait pas prévu cette remarque d'une raison de trente mois; la replique était difficile. Notre prudente mère garda le silence. Napoléontine embrassa

Agathe avec une arrrière-pensée, que la parfumeuse remarqua fort bien.... Elle en conclut qu'il était toujours dangereux de hasarder à l'oreille des enfans, ces mensonges allégoriques, ces fables merveilleuses dont on veut frapper leur jeune imagination; elle promit de s'en abstenir.

Le plan de madame Desmares était bon; mais le destin ne lui permit pas d'en diriger l'exécution d'une manière suivie. Napoléon glissait rapidement vers l'abîme qui devait l'engloutir : nous franchirons ces lugubres éphémérides où l'on voit ses armes, long-temps invincibles, plier enfin et se briser sur le sol envahi de la patrie. Tous les coups portés à la fortune du grand homme eurent un sinistre écho dans le cœur de son amie de l'an IV; elle courut à Fontainebleau ajouter une voix aux rares adieux de la fidélité; et, pendant dix mois, ses lettres, naïves et tendres, semèrent quelques charmes sur les heures d'exil de l'île d'Elbe.

Tant d'émotions douloureuses firent dégénérer en maladie la langueur qui, depuis quelques années, dominait sans cesse madame Desmares; quand Napoléon reparut comme un sylphe au château des Tuileries, il fut vivement touché en voyant maigre et pâle cette femme si aimante, qui, devançant ses plus empressés partisans, avait été la première à saluer son retour.

— Vous paraissez souffrante, madame, lui dit-il en prenant sa main, qu'il serra.

— Il est vrai, sire, mes peines ont été grandes depuis trois ans.

— Je vous comprends.... et je vous tiens compte du fond de l'ame d'un tel attachement. Messieurs, ajouta l'empereur d'un ton animé, en se tournant vers quelques fonctionnaires qui se trouvaient dans son cabinet, voici une dame dont l'amitié pour moi date d'un temps où je n'étais rien, rien, entendez-vous... Eh bien ! je n'en ai fait que la femme d'un parfumeur... quand Raguse et Augereau sont maréchaux d'empire.... Une femme pleine de nobles sentimens, dévouée, sage... Madame Desmares, plût à Dieu que je vous eusse faite impératrice... Je n'aurais pas quitté les Tuileries... Vous m'auriez donné aussi de beaux enfans... Et, dans le rang modeste où vous êtes née, les pères ne poussent pas leurs enfans pour les renverser.... Rose Luquet, j'aurais dû vous faire impératrice....

— Ah ! mon glorieux souverain, s'écria Rose, profondément émue, ces paroles, que je dois prendre pour un élan de votre extrême bonté, resteront à jamais gravées dans mon cœur : elles retentiront délicieusement à mon oreille quand s'exhalera mon dernier soupir....

Je dois marcher rapidement à travers le domaine de l'histoire, où je glane çà et là quelques faits. Pendant cette dernière lueur de l'astre impérial, qu'on a nommée les cent jours, madame Desmares n'eut pas le temps d'être mère ; ce fut une puissance : elle eut des protégés, une cour dans son entresol de la rue de Richelieu. La femme d'un parfumeur fit des colonels, des généraux, des préfets ; et, circonstance fort remarquable, son crédit ne coûta pas le moindre sacrifice à sa vertu. Il s'était établi entre l'empereur et son amie une émulation de chaste délicatesse, qui fut le frein d'une passion subsistante de l'un comme de l'autre côté. Ce lien résista même à l'épreuve d'un tête-à-tête bien dangereux. — Un jour que Napoléon demandait à madame Desmares s'il lui arrivait de visiter quelquefois sa maison de la rue Dauphine, la parfumeuse lui répondit avec une petite moue fort gentille (car les grimaces d'une jolie femme de trente-quatre ans peuvent encore être agréables); elle lui répondit, disons-nous, que non-seulement elle la visitait, mais qu'elle y passait des journées entières...

— Pardon, chère Rose, je suis un mal-avisé, je devrais mieux vous connaître..., Madame Desmares, je veux déjeuner demain dans votre chambre de la rue Dauphine...; C'est après-demain le champ de mai; ce précédent me portera bonheur.... Oui, poursuivit Napoléon avec un geste passionné, j'ai l'idée que la nuit du 23 février 1796 fut le talisman heureux de ma belle campagne d'Italie.

— Sire, les présages sont des chimères.

— Que savez-vous, madame?...

— Dans tous les cas, je crois que la confiance dans votre fortune et votre génie vaut mieux...

— Mon génie, je sens qu'il n'a pas baissé; mais ma fortune,... chère enfant, son prisme s'est brisé devant les yeux de la nation.... Cette nuit, j'ai vu, dans un songe, Thémistocle proscrit et fugitif.... Madame, laissez-moi la consolation d'un présage.... J'irai déjeuner demain avec vous, rue Dauphine...

— Sire, je vous attendrai; mais si je vous portai bonheur en 1796, peut-être fût-ce par un sacrifice qui n'est plus en mon pouvoir... Promettez-moi de n'invoquer que l'amitié...

— Rose, je le jure, foi d'empereur....

Le lendemain à sept heures du matin, Napoléon, seul, en redingote bleue, un chapeau rond, une badine à la main, sortit furtivement des Tuileries, traversa le Louvre passa le Pont-Neuf, et se glissa, sans avoir été reconnu, chez son amie de l'an IV. Le déjeuner fut tendre, mais chaste. — On montra à l'empereur son petit billet, sa bourse verte, ses dix louis; mais non pas ce tissu qui, depuis vingt ans, excitait de si brûlantes sensations dans l'impressionnable Rose... Il resta au fond du placard... Le produire, rappeler ainsi son ancienne participation aux mystères d'une nuit fortunée, c'eût été jouer imprudemment sur les bords du précipice; et toutes les forces humaines pouvaient être insuffissantes pour empêcher d'y tomber.... La parole impériale eût été hasardée.... Napoléon ajouta aux reliques conservées dans ce sanctuaire : avec la pointe d'un couteau, il grava sur la peinture du trumeau un N enlacé avec un D : chiffre charmant qui, deux ans plus tard, devait être effacé par les baisers de madame Desmares.

Les pressentimens de l'empereur furent, hélas ! trompés : l'acte additionnel aux constitutions de l'empire obscurcissait l'horizon politique; le champ de mai fut triste. En abjurant le langage populaire sous l'influence duquel il avait marché, au milieu d'un triomphe continuel, du golfe Juan à Paris, Napoléon venait de tuer non-seulement l'enthousiasme, mais aussi le dévouement d'une nation encore abusée. Le héros n'eut plus que des partisans et une armée : ce n'était pas assez pour se maintenir sur son trône, miraculeusement reconquis... Un seul coup de foudre le fit écrouler sous lui au mont Saint-Jean.

Napoléon, retiré au palais de l'Elysée, après avoir abdiqué une seconde fois; Napoléon, refusé comme simple général par des gouvernans pressés de livrer la capitale aux ennemis; Napoléon, insulté par des pygmées qu'il avait faits géans, retrouva, dans l'infortune comme dans la prospérité, son amie de l'an IV. Elle vint, haletante, éperdue, presqu'en délire, trouver le souverain déchu de ses grandeurs, non de sa gloire, au moment où l'exil allait être de nouveau son partage.

— Sire, lui dit-elle, la fortune vous abandonne, le malheur se rend maître de vos destinées; je ne vous quitte plus....

— Rose, j'étais sûre de vous trouver en cet instant dans le petit nombre de mes courtisans; mais, mon enfant, que me proposez-vous?... votre mari...

— Votre majesté sait bien que je n'ai pas porté une affection dans mon ménage.

— Mais vos enfans, Rose, vos enfans?....

— Grâce à vos bienfaits, chacune de mes filles aura cinq à six mille livres de rente, sans même imposer la moindre gêne à M. Desmares; elles ont peu besoin de mes soins.... Et vous, vous, sire, que tant d'ingrats abandonnent, vous allez sur une terre étrangère où tout manquera à vos habitudes. Il vous faut une sollicitude réelle, affectionnée, attentive, de tous les instans.... Moi seule, oui, sire, moi seule j'en suis capable... Car voyez-vous, j'aime de cet amour qui ne trouve rien de difficile, qui franchit l'Océan, qui franchirait de même les flammes... Il y a là, poursuivit madame Desmares en se frappant le sein, il y a là depuis vingt ans un sentiment que la mort seule éteindra..... Je vous le demande à genoux, sire, ne me refusez pas... Les Etats-Unis ne me paraissent pas un asile assuré : vos ennemis verront Napoléon par-dessus les mers; il est si grand !... Je serai votre sentinelle vigilante : je vous ferai une cuirasse de précautions; je réponds de vos jours si les miens y sont attachés... Oh! mais plus de bornes, plus de restrictions à mon dévouement.... Des respects, des services, des veilles, des plaisirs, s'il en peut naître encore de moi, j'offre tout à mon empereur, au seul homme que j'aie aimé de ma vie, ame et corps, je suis à lui...

Napoléon, ému jusqu'aux larmes, entoura, étreignit de ses bras madame Desmares, et la pressa convulsivement sur son cœur. Puis il se prit à réfléchir; un combat intérieur sembla l'agiter; des soupirs redoublés sortirent précipitamment de sa poitrine. Enfin il dit d'une voix étouffée :...

— Ah! madame, si Marie-Louise avait eu votre cœur!... Et l'empereur poursuivit après une pose : Non, non, chère amie, je ne puis, je ne dois pas accepter vos offres... Mais c'est après une lutte bien cruelle que je vous refuse. Rose, en quittant la France, je n'y laisserai point un exemple de scandale : votre mari est, je le sais, bien peu digne de posséder un trésor comme vous; mais enfin il lui appartient par l'autorité des lois : c'est un lien que je ne saurais rompre, moi l'auteur du code. Il m'en coûtera cher, peut-être, pour avoir satisfait à ce pénible devoir ; car je ne trouverai jamais une sollicitude égale à la vôtre, et vous avez raison de penser que mon existence, tout inoffensive qu'elle sera, gênera toujours mes ennemis. N'importe, nous nous quitterons... Il le faut.

— L'amour avait parlé par ma bouche, sire, répliqua tristement madame Desmares; la sagesse m'a répondu par la vôtre... J'obéirai... Je vivrai d'espoir ; celui qui se cachait au fond de mon cœur en 1814 ne m'a pas trompé... La destinée peut vous rendre encore à nos vœux.

— Non, chère dame, repartit le grand homme en secouant la tête, ces merveilles-là ne se trouvent pas deux fois dans la même carrière.... Ma vie politique est finie.

— Sire, reprit madame Desmares avec un triste sourire, mon dernier soupir fera bien peu de bruit; les vents ne le porteront pas sur les rives lointaines; mais quelque voyageur pourra vous dire un jour, et ce sera bientôt : Rose Luquet n'a pu supporter le chagrin de votre exil... Elle est morte dans sa chambre de la rue Dauphine, sur la couche où vous passâtes une nuit en 1796.... Elle a expiré en prononçant votre nom, en souriant à l'idée de voir un jour son ame réunie à la vôtre dans l'éternité...

Le lendemain, Napoléon partit pour Rochefort; peu de jours après, il avait demandé l'hospitalité aux Anglais : élan magnanime d'une ame qui ne savait concevoir que de grandes pensées, comme de grandes choses. Le monde sait comment la confiance du héros fut reconnue... Dans quatre mille ans, le martyr de Sainte-Hélène couvrira d'une infamie, jeune encore, le gouvernement de l'Angleterre.

IV.

Les deux Petites Filles.

L'idiot Desmares avait profité des préoccupations de sa femme pour se livrer, sans contrainte, à ses préventions paternelles. Si l'estimable parfumeuse s'était défendue avec courage d'entacher la réputation de son mari, lui n'en avait pas moins exploité le crédit de sa femme : il se montrait, durant les cent jours, aussi fier que l'époux d'une favorite de souverain; et cette vanité, il s'était efforcé de l'inculquer à Napoléontine, petite coquette de cinq ans, fort habile à saisir les travers. Déjà, quand madame Desmares reporta son attention sur son ménage, la jolie enfant prenait avec tout le monde un air dédaigneux, insolent même, que le papa trouvait charmant, parce qu'elle était imparfaite avec une grâce toute particulière. Pour Agathe, âgée alors de quatre ans, elle se montrait douce, craintive, contente de tout, et l'on trouvait en elle ces attentions enfantines auxquelles les pères et mères sont d'ordinaire fort sensibles. Desmares rentrait-il, elle courait à lui aussi vite que ses petites jambes torses le lui permettaient, prenait son chapeau, sa canne, et apportait ses pantoufles.

Ces soins empressés étaient assez mal reçus ; souvent le parfumeur l'accusait d'embarrasser ses jambes : en un mot, ses bonnes intentions ne manquaient guère d'être incriminées de façon ou d'autre. Alors Napoléontine courait à sa sœur, la main levée, la battait, et Desmares attestait, par son gros rire niais, que cette exécution l'amusait.

A tant d'injustices envers Agathe, se joignait l'oubli complet de ses infirmités toujours croissantes. De sorte que le moral de Napoléontine contractait des vices intolérables, et le physique de sa sœur une conformation arthritique qui menaçait de devenir incurable. Madame Desmares revint au projet d'apporter remède à ce double état de choses : elle exigea, comme une femme peut le faire quand elle a donné deux cents mille francs à un homme qui ne possédait rien, que l'aînée de ses filles fût mise en pension, et la jeune dans un établissement orthopédique. Desmares aurait bien voulu répliquer; mais, outre que sa femme lui imposait, il n'avait jamais su produire deux phrases raisonnables dans une discussion : aussi usurpait-il comme tant d'autres, la réputation d'un homme conciliant, parce qu'il n'avait pas l'esprit de soutenir une opinion. Nous voyons tous les jours des mandataires de cette force dans nos législatures, et ce sont des hommes précieux pour le pouvoir.

L'effet suivit de près la volonté : Napoléontine et Agathe furent rendues à leur nouvelle destination le lendemain du jour où leur mère avait décidé qu'elles devaient quitter la maison. Le premier bulletin venu à la fin du mois, de l'un comme de l'autre côté, n'était pas consolant : la maîtresse de pension annonçait que mademoiselle Desmares se faisait punir fort souvent pour des défauts qu'il serait difficile et long de redresser; le médecin orthopédiste écrivait que sa jeune malade était prise bien tard, et que ce ne serait qu'à force de temps, de patience et de soins que sa conformation pourrait être rectifiée. Ceci voulait dire, en d'autres termes, qu'il fallait s'apprêter à donner beaucoup d'argent pour obtenir ce résultat.

— Vous conviendrez, madame, disait Desmares en grognant, qu'il est fort désagréable de faire une telle dépense pour une moricaude qui nous restera sur les bras, et que nous verrons monter à graine sous le toît paternel.

— Sans doute, il vous aurait semblé plus simple, monsieur, de la jeter dans un gouffre le jour de sa naissance, comme les Lacédémoniens faisaient des enfans mal conformés....

— Eh! mais, madame, l'usage n'était pas mauvais; cela encourageait les ménages à produire une belle progéniture.

— A cela, mon candide époux, je répondrai deux choses : d'abord vous ne seriez pas là si nos pères eussent adopté l'usage de Sparte; ensuite votre petite Agathe serait peut-être mieux conformée si je m'étais donné quelques unes des licences du ménage lacédemonien.

— Malicieuse Rose, je vous rétorquerai l'argument d'une jolie manière, en vous disant que, selon l'apparence, vous avez recouru à ce moyen pour créer notre jolie Napoléontine...

— Vous savez bien, monsieur, qu'il n'en est rien; mais ce jour-là je dormais, et quand on dort il n'est pas défendu de rêver.

—En ce cas, vous avez rêvé à notre grand

empereur, car notre aînée et lui se ressemblent comme deux gouttes d'eau... Au surplus, sa majesté nous a fait beaucoup de bien, et quand Napoléontine lui appartiendrait un peu plus que par un songe...

— Monsieur Desmares, vous êtes un sot, et vraiment je suis désolée de n'être qu'un écho public en vous le disant.

— Allons, allons, je vous passe ce mauvais compliment; j'avais touché la corde sensible... Oh! oh!

— Mon Dieu, vous en êtes témoin, dit la parfumeuse en levant les yeux, à part le sentiment du devoir, ma vertu eût bien été en pure perte.

On conçoit avec quelle monotonie devaient couler les jours d'une femme sensible, quoique sage, dans le commerce d'un homme tel que Desmares; son existence, avec la passion privée d'espoir qu'elle nourrissait, eût été vraiment insupportable sans ce baume salutaire, ce spécifique céleste que le souvenir d'un passé délicieux épand sur les chagrins présens.

Madame Desmares, depuis sa représentation des cent jours, ne se montrait plus au comptoir; on y avait mis une demoiselle du nombre de celles *qui ont éprouvé des malheurs*, et qui, dans ce naufrage de leur destinée, n'ont pu, malgré les plus sublimes efforts de sagesse, avoir la vertu sauve. L'amie de Napoléon ne sut pas sans un secret plaisir que cette beauté malheureuse, sans doute persuadée qu'en fait de péché le premier pas seul doit coûter, écoutait d'une oreille complaisante, ou plutôt d'une oreille intéressée, les propos que Desmares lui donnait pour galans. Alors elle résolut de se retirer dans sa maison de la rue Dauphine. Sa santé, profondément altérée, la nécessité de suivre un régime, le besoin de respirer un air plus salubre que celui d'un entresol, tels furent les motifs qu'elle allégua pour justifier son déplacement, et vraiment c'était peine perdue, car Desmares éprouvait une vive satisfaction de lui voir prendre ce parti.

Du reste, madame Desmares n'avait point à redouter les dilapidations de son mari; outre qu'elle se réserva la faculté d'intervenir dans les comptes mensuels, son contrat de mariage garantissait l'intégralité de ses apports.

L'amie de Napoléon accomplit donc, en 1818, le désir qu'elle avait depuis long-temps d'habiter la chambre qu'elle appelait son sanctuaire; elle y enjoignit une seconde pour loger une bonne, et là cette femme romanesque, parvenue à sa trente-septième année, jouit de tout ce qu'elle pouvait éprouver de bonheur... Mais, il faut le dire, cette félicité fantastique, dont la source résidait tout entière dans ses souvenirs, ne pouvait qu'aggraver le malaise physique qu'elle ressentait... Qui l'ignore? les plaisirs de l'imagination sont sans limites comme ses domaines... Rien ne saurait les arrêter dans leur course vagabonde... La bourse, les pièces d'or, le billet, le chiffre du trumeau, le souffle héroïque que Rose croyait mêlé à l'air de la chambre, surtout ce tissu ardé pendant toute une nuit par les transports de l'amour, tout cela était meurtrier et poussait la vie de madame Desmares vers son terme.

Mais elle se vit décliner avec sérénité... Sa Napoléontine, cette image fidèle de l'idole de son cœur, ne reconnaissait que par une froide indifférence l'amour qu'elle lui portait, comme mère et comme amante du héros auquel l'ingrate ressemblait. De plus, telle avait été la force des inclinations vicieuses de sa première jeunesse, qu'on s'était vainement efforcé de les réprimer. Mademoiselle Desmares avait été chassée de six pensionnats; elle allait l'être du septième. Agée à peine de neuf ans, elle portait le trouble et la zizanie parmi ses condisciples. On voyait d'ailleurs que les grandes passions seraient précoces chez cette enfant, et nulle maîtresse n'osait en laisser développer le germe dans sa maison. Napoléontine désespérait sa mère par son impatience, sa coquetterie prématurée et son inaptitude aux études qui demandaient un peu de raison. Elle ne voulait apprendre que la musique, parce qu'on lui avait dit que sa voix serait belle; et la danse, parce que son maître lui répétait sottement, à chaque leçon, qu'elle était remplie de grace.

En récompense, Agathe procurait beaucoup de satisfaction à madame Desmares. La pauvre petite, victime patiente d'un traitement douloureux, avait passé, pendant quatre longues années, vingt heures sur vingt-quatre à la torture du lit orthopédique ; et, chose presque sublime dans un âge si tendre, elle avait profité de cette école d'angoisses, de résignation, pour former son esprit et son jugement par des lectures d'abord épelées, ensuite faites couramment.

Ce martyre médical avait du reste obtenu l'effet qu'on s'en était promis : Agathe croissait maintenant droite, bien conformée, et sa taille annonçait même une certaine élégance. La jeune demoiselle ne pouvait pas devenir jolie, elle ne devait même jamais cesser d'être laide; mais sa physionomie avait tant de douceur, elle souriait avec une telle bonté, qu'il était à espérer qu'à quinze ou seize ans Agathe posséderait, jusqu'à un certain point, ce qu'on appelle la beauté du diable. Mais elle était déjà pourvue à huit ans d'un esprit juste, vif, enjoué, ingénieux. Depuis six mois seulement on lui apprenait à écrire, compter, dessiner, et elle faisait tout cela comme des élèves ordinaires le font au bout de trois ans. Ajoutons qu'Agathe aimait tendrement ses père et mère : Desmares, parce qu'elle était vivement pénétrée de ce qu'on doit à l'auteur de ses jours, même quand il est injuste ; madame Desmares, parce qu'elle l'avait comblée de soins. La jeune fille se trouvait heureuse quand elle pouvait passer une journée avec sa maman ; par contre, elle éprouvait une sorte de soulagement lorsqu'après l'avoir gardée une demi-heure rue de Richelieu, son papa, ainsi que cela arrivait souvent, la renvoyait brutalement à sa maison de santé.

On voit donc que la persistance des vices de Napoléontine n'avait fait qu'accroître l'engouement aveugle de son père ; tandis que les qualités, de plus en plus remarquables, d'Agathe avaient accru, s'il était possible, son éloignement. Telle est, presque toujours, la marche des préventions paternelles : elles se renforcent de tout ce qui devrait les détruire, parce que l'injustice, pour ne pas se reconnaître un tort, change les défauts en perfections et celles-ci en vices. Napoléontine montrait de la brusquerie, faisait des réponses insolentes et tournait tout en ridicule : son père en concluait qu'elle serait franche, sincère, et qu'elle aurait le véritable sentiment du bien. Agathe aimait l'étude, était douce, polie, affable : Desmares en inférait qu'elle deviendrait pédante, mielleuse, fausse, hypocrite, perfide.

Madame Desmares, dans la répartition légitime de son affection, traitait ses filles selon leurs mérites. Elle aimait toujours Napoléontine par un double et invincible motif;

mais elle lui parlait avec une sévérité, quelquefois pénible, qu'elle croyait utile pour faire naître enfin le respect tardif de cette jeune personne. Quant à la bonne Agathe, elle la gardait le plus qu'elle pouvait : c'était par ses jeunes yeux qu'elle cherchait, dans les journaux, les mentions sur l'illustre captif; ce fut Agathe qui lui lut l'intéressant mémorial de Sainte-Hélène; enfin, à l'âge de dix ans, mademoiselle Desmares cadette fit, pour sa maman, une vue de l'Ile inhospitalière où languissait l'homme du siècle. En recevant ce dessin Rose mouilla d'une grosse larme la petite figure en pied du héros : elle en fut entièrement couverte.

Le printemps de l'année 1821 fleurissait nos vergers; les premières roses commençaient à poindre sur leur tige, lorsque madame Desmares se sentit soudain beaucoup plus mal. Les dernières nouvelles de Sainte-

Hélène annonçaient que la santé de Napoléon s'alterait rapidement ; plusieurs fois Agathe crut entendre sa mère répéter, à demi voix : Il se meurt et moi aussi..... cela va bien... le ciel exaucera mes vœux. Bientôt la malade dut garder tout à fait le lit; alors elle s'occupa presque exclusivement de ses enfans.

Le parrain d'Agathe, monsieur Fremont, était un homme sage, un excellent père de famille, généralement estimé. Madame Desmares le pria de passer chez elle, pour conférer avec lui sur les intérêts de ses filles : il accourut. Le parfumeur vivait ouvertement en concubinage avec sa demoiselle de magasin, dont les malheurs s'étaient augmentés d'une grossesse fort avancée. On devait craindre qu'un enfant né de ce commerce, ou plutôt dont ce commerce couvrirait la véritable origne, ne fût pour sa mère le pretexte d'une exigence qui compromît la fortune de Desmares. Mademoiselle Amanda, s'était choisi un conseil intime, composé de trois gardes du corps, et dont les séances s'ouvraient, chaque soir, devant le comptoir, dès que le parfumeur routinier était parti pour aller jouer sa partie de dominos. Or on agitait souvent dans ce comité des questions de finances, parce que mademoiselle Amanda n'avait pas moins de trente ans, âge où les amours, s'ils sont difficiles dans leur choix, ne marchent guère qu'à l'aide des subsides. Dans cet état de choses, la caisse du parfumeur présentait fréquemment d'importantes erreurs; l'amoureux vieillard ne les apercevait pas à travers ses lunettes et son idiote tendresse; mais plus d'une fois elles avaient rendu difficiles les *fins de mois*: on parlait même, rue de Richelieu, d'un prôtet ou deux au domicile du parfumeur, quoique ses affaires eussent toujours prospéré.

Madame Desmares n'ignorait point ces détails inquiétans; elle en parla à monsieur Frémont comme d'un motif suffisant, peut-être, pour que, si sa maladie avait une issue funeste, on pût donner un curateur à ses filles. L'honnête parrain se chargea de consulter à cet égard. Il se trouva d'immenses difficultés sur un point de droit qui paraissait tout simple au premier coup-d'œil : il fallait noircir des rames de papier timbré, pour empêcher un père de ruiner ses enfans au profit d'une fille galante. Toutefois la curatelle des mineurs d'une mère décédée pouvait, en certains cas, être enlevée au mari survivant, relativement aux apports de la défunte; Frémont promit à madame Desmares d'être le protecteur de ses demoiselles, et d'invoquer pour elles, au besoin, l'autorité des lois.

Ces dispositions calmèrent un peu les inquiétudes de la malade; elle put sourire avec quelque sérénité à sa fin prochaine, qu'elle désirait comme le terme d'un long exil. Vers le milieu d'avril, les médecins parlèrent d'un mieux sensible; madame Desmares accueillit cet avis avec tristesse.... « Il mourra prochainement... ils le tueront, murmurait-elle quelquefois; faudra-t-il donc que notre réunion soit encore retardée!... Dieu bienfaisant, prenez-moi! »

Le parfumeur venait rarement rue Dauphine; il avait toujours de grandes affaires à point pour épargner et abréger ses visites. Il en était de même de Napoléontine, qu'il avait fallu retirer de sa septième pension, afin d'éviter qu'elle en fût chassée, comme des six autres. L'éducation de cette jeune personne était maintenant confiée à la direction de mademoiselle Amanda, institutrice fort expérimentée par la longue succession de ses *malheurs...* Aussi la petite merveilleuse de onze ans profitait-elle étonnamment à cette école : elle était manièrée, musquée, grimacière comme une coquette du boulevart de Gand.... Déjà ses beaux yeux avaient un langage, ses paroles une intention, son humeur des caprices, sa personne des poses étudiées. Desmares menait en triomphe dans les promenades cette jolie poupée, toujours mise au dernier goût, coiffée d'un chapeau chargé d'ornemens, les doigts garnis de bagues comme ceux d'une marquise douairière, et marchant avec une affection qui faisait rire les jeunes gens.

Un jour, au moment où le médecin venait de déclarer que le mieux se soutenait, madame Desmares retomba dans un état effrayant, qui fit de rapides progrès. On eût dit que la maladie, après une station assez

longue, avait à se piquer d'une sorte d'ému‑
lation.... C'était le 3 mai 1821; qui pourrait
interpréter les mystères impénétrables de la
Providence? Peut-être, à travers l'Océan, une
chaîne invisible de sympathie faisait-elle
décliner ensemble deux existences liées par
elle.

Agathe, l'attentive, l'affectionnée Agathe,
qui, depuis que la maladie de sa mère s'aggra‑
vait, n'avait pas voulu la quitter un instant,
appela, par un billet, son père et sa sœur rue
Dauphine. Ils vinrent le soir, parés, le sou‑
rire sur les lèvres, le bouquet à la main, et
s'assirent aussitôt, en se plaignant de la rudesse
des quatre étages qu'ils venaient de monter.

—Mais, papa, dit Agathe avec un mécon‑
tentement qui vint, malgré elle, se réfléchir
sur son visage, maman est bien malade.

—Eh! mademoiselle, que voulez-vous que
j'y fasse? je n'ai pas la santé à mes ordres.

—Vous avez raison, monsieur, et je suis

même fâchée qu'Agathe vous ait dérangé, dit la malade d'une voix affaiblie.....

—Je ne dis pas cela, ma chère; mais je ne suis pas médecin, et l'on a ses affaires....

—Sans doute, continua Napoléontine en minaudant; papa en a beaucoup d'affaires.

—Mais toi, ma sœur, dit Agathe, dont la douceur ordinaire était dominée par l'indignation, toi qui ne t'occupes guères que de tes plaisirs, tu devrais te rappeler plus souvent qu'une fille a des devoirs à remplir auprès de sa mère malade.....

—Taisez-vous, chipie, s'écria Desmares en fronçant son épais sourcil ; vous êtes jalouse de votre sœur comme une petite tigresse; vous ne pouvez la souffrir : ce n'est pourtant pas sa faute si vous êtes laide à faire reculer un cosaque....

—Fi ! l'horreur de figure et de caractère, ajouta Napoléontine en regardant Agathe par-dessus l'épaule.... Puis s'étant approchée négligemment du lit, elle poursuivit : Si vous le voulez, maman, je viendrai demain matin ; on fera ma toilette de bonne heure ; je serai ici à midi, quoique ce soit l'heure de ma leçon de danse.

— Non, ma fille, répondit madame Desmares, dont les yeux étaient remplis de larmes, je ne veux pas vous causer le dérangement que vous prévoyez si bien.... J'ai désiré seulement vous voir, mon enfant, car il est possible que ce soit pour la dernière fois ; et, quoiqu'on vous laisse ignorer ce qu'on doit à une mère, vous m'êtes bien chère....

Ici la nature domina un moment les mauvaises inclinations acquises : un cœur de onze ans ne peut être insensible au lit d'une mère mourante. Napoléontine porta son mouchoir à ses yeux.

—Allons, allons, ma femme, dit le parfumeur avec brusquerie, à quoi bon affliger cette chère enfant ; votre humeur mélancolique exagère vos souffrances ; vous nous parlez toujours de votre mort.....

—Et je ne meurs point, interrrompit la malade avec un sourire angélique.... Patience, mon ami....

— En vérité, madame, à vous entendre, on dirait que je suis un homme dur, sans entrailles, un ogre dépourvu de toute sensibilité....

—Mon ami, quoique vous en disiez, reprit madame Desmares avec calme, je n'ai plus le temps de soutenir une querelle ; veuillez écouter sans emportement ce que j'ai à vous dire. Les dispositions de notre fille ainée sont telles que, par malheur, elle aura besoin de tout ce que je lui laisse de fortune pour suffire à la parure dont on lui a donné le goût, et pour suppléer au savoir que vous l'avez empêchée d'acquérir. Car vous ne pensez pas, sans doute, que la danse et la musique lui procurent une existence honorable, qu'elle eût pu tenir de talens plus utiles. Quant à sa beauté, que Dieu la préserve des malheurs où elle peut l'entraîner! Il m'a donc semblé nécessaire de m'assurer qu'une prudence plus exercée, plus indépendante surtout que la vôtre, veillera à l'avenir de Napoléontine, déjà compromis par sa déplorable éducation. D'autres motifs me commandaient impérieusement de songer au sort de ma pauvre Agathe, pour qui votre sollicitude est peu expansive, monsieur Desmares.... Je ne veux pas développer davantage cette assertion, et vous apprécierez, je l'espère, ma réserve. Or, ces considérations réunies m'ont determinée à garantir, autant que je le puis, mon héritage à mes filles, en faisant des dispositions conservatoires qui vous seraient opposées, si, contre mes plus chères espérance, les écarts de votre administration exigeaient une telle mesure.

— Quoi! madame, de mon vivant, en puissance de mari, dit le parfumeur avec un éclat de voix, vous avez osé agir ainsi! Morbleu! ce sera vainement.... Je plaiderai plutôt jusqu'à manger mon dernier écu.....

— Ne criez pas, reprit la malade; songez plutôt à vous aviser d'une sagesse qui rende inutiles les extrémités dont je vous parle, et que je révèle ici précisément pour que vous en préveniez l'intervention. Vous ne pensez pas, monsieur, que j'ignore vos allures, les influences qui vous dominent, les graves résultats qu'on en voit découler journellement. M. Fremont non plus ne les ignore pas; c'est lui qui sera chargé, au besoin, de les alléguer et de les prouver. Toutes vos criailleries n'intimideront pas cet homme intègre et vénéré; évitez, croyez-moi, de faire entrer votre réputation et la sienne en parallèle..... Vous voilà prévenu......

M. Desmares ne put trouver une réplique à ce discours, fort de raison et de vérité; il sentait tout ce que sa conduite offrait de répréhensible, et s'avouait intérieurement que les démarches de sa femme avaient été dictées par la plus utile prudence. Car le pauvre parfumeur ne pouvait pas se dissimuler que ses volontés, chaque jour et à propos de tout, s'évanouissaient devant celles d'Amanda, ou, si elles échappaient à cette influence, devant le vouloir enfantin de Napoléontine. Il se tut donc, faute d'argumens plausibles, et leva le siége après quelques minutes de ce silence humiliant.

—Ce soir, madame, dit le mari admonesté

avec un sourire laborieux, vos paroles se ressentent d'un accès de fièvre plus fort qu'à l'ordinaire... Bonsoir, un autre jour, vous serez moins méchante... Et Desmares alongea, de fort mauvaise grâce, ses grosses lèvres pour appliquer un baiser sur le front brûlant de sa femme.

— Oui, oui, répondit Rose d'un accent éteint, un autre jour, si autre jour il y a pour moi.

— Adieu, maman, dit Napoléontine avec un pincement de lèvres remarquable... Voilà l'heure de ma leçon de piano; car j'en prends une le matin et l'autre le soir... pour savoir au moins jouer de cet instrument...

— Oui, retournez à votre piano, répliqua madame Desmares en repoussant un peu Napoléontine....

Il y avait dans ce mouvement quelque chose de l'indignation qu'inspire la préoccupation musicale d'une fille au lit de mort de sa mère...

—Allez, ma chère enfant, continua celle-ci après une pause, nécessitée par un serrement de cœur douloureux; mais si l'on me porte l'un de ces jours en terre au moment où vous prendrez votre leçon de piano, dans l'intérêt de votre réputation, fermez l'instrument... Il y aurait là, une incohérence qui vous nuirait... Bonsoir... Et l'infortunée ajouta d'une voix étouffée.... Grand Dieu! avoir une telle ame avec de pareils traits!...

— Ma bonne maman, s'écria Agathe, qui se jeta entre les bras de madame Desmares, dès que son père et sa sœur furent sortis...

— Ange! je te comprends, dit l'amie de Napoléon en couvrant la petite fille de baisers.... Oui, oui, sans doute, je puis être encore une heureuse mère.

Un profond abattement suivit les trop puissantes émotions auxquelles la malade venait de se livrer : la nuit parut être tranquille. Mais Agathe, qui n'avait pas voulu se coucher quoiqu'une garde veillât, Agathe craignit que ce calme ne fut un commencement d'agonie. Elle ne se trompait pas : au retour du soleil, sa mère avait ce teint vermeil, ces yeux brillans, cette mobilité de traits qui, dans les maladies chroniques, annoncent parfois un dernier élan de vie, comme ces lueurs inaccoutumées qu'on voit jaillir d'une lampe au moment où elle va s'éteindre. Rose respirait plus difficilement que la veille ; un léger sifflement commençait dans sa poitrine. Le médecin, en se retirant, fit, en arrière d'Agathe, un signe sinistre à la garde; l'impassible miroir le renvoya à la pauvre enfant. Néanmoins l'agonisante conservait une entière présence d'esprit : tandis que sa fille était descendue pour faire préparer un médicament sur la vertu duquel elle comptait, parce que l'espérance s'accroche à tout, madame Desmares appela celle qui la soignait.

— Il y a dans ce placard, lui dit-elle, un drap de toile assez grosse ; vous allez l'en tirer : je veux qu'on me couche dessus. C'est un caprice de malade, mais un caprice impérieux ; mon mal augmenterait sur l'heure si je n'étais pas satisfaite en cela.

— Mais, madame, répondit la garde, vous êtes bien faible ; on ne pourra vous lever pour faire votre lit.

— Pardon, ma chère, j'ai plus de courage que vous ne pensez. Appelez ma bonne ; elle vous aidera à me placer un moment sur le canapé. Oh! je suis devenue bien légère ; vous n'aurez pas de peine, ajouta-t-elle, avec un imperceptible sourire.

— Allons, madame, puisque vous le voulez...

Quand Agathe remonta, la malade reposait sur le drap que vous connaissez, le drap de 1796, le drap relique; celui d'où Napoléon lui-même croyait s'être levé prédestiné aux grandes choses... Vous vous rappelez qu'il l'a dit un jour à son amie. Singulier effet d'un amour fécond en pensées rêveuses! Ce tissu avait été le tombeau de cet être fugitif, éphémère, presque idéal qu'une jeune fille nourrit de pudeur; être qui, paré du nom des roses, meurt effeuillé comme elles, et lègue en mourant une nouvelle vie à la vie... Aujourd'hui, ce même tissu va devenir le suaire de celle dont il vit compléter l'existence.

Madame Desmares, s'apercevant dans la journée, qu'Agathe écrivait, lui dit avec douceur: « Je te défends de demander ni ton père ni ta sœur; il ne faut pas les déranger; je me sens mieux... » Ce n'était pas là sa véritable pensée; la voici : « Je veux épargner à ces cœurs insensibles la honte qu'attirerait sur eux leur froideur dénaturée; moi, je dois m'épargner le spectacle d'un époux, d'un enfant témoins impassibles de l'agonie d'une épouse, d'une mère. » La malade ajouta : « Agathe, fais venir ton parrain ; envoie-lui un commissionnaire ; une lettre peut se perdre à la poste. » Et ces dernières paroles déguisaient cette réflexion : « La mort peut marcher plus vite que tous les courriers de la terre. »

Frémont ne se fit pas attendre; il était derrière l'exprès lorsqu'il disait de la porte : « Ce monsieur va venir. »

— Que je suis sensible à votre empressement, mon cher monsieur, dit madame Desmares en lui tendant la main.

— Il n'égalera jamais, ange que vous êtes,

l'attachement que je vous porte, ainsi que tous ceux qui vous connaissent...

—Qui m'ont connue, monsieur Frémont... Asseyez-vous là ; j'ai le plus grand besoin de causer avec vous. (Ici Agathe et la garde sortirent, averties par un signe de madame Desmares).—Le lendemain n'appartient à personne, poursuivit la parfumeuse ; à plus forte raison, est-ce un bien fugitif pour les malades. Nous ne reviendrons pas sur les mesures de précaution convenues, touchant les intérêts de mes enfans. Desmares en est informé ; il ne me reste plus qu'à me reposer sur votre sollicitude.

— Comptez-y, madame ; ce sera le plus sacré de mes devoirs.

— Passons donc à ma dernière confidence, au dépôt précieux que je veux faire dans le cœur de l'homme que je considère comme le meilleur ami que j'aie en *Europe*. Frémont, j'aimai une seule fois en ma vie; je n'avais pas quinze ans lorsque cet amour commença... et j'en meurs à quarante. Ne me jugez pas avec trop de rigueur; ce sentiment fut vingt-six ans un culte pur, après s'être révélé par une faiblesse unique... J'aimais Napoléon...

— Napoléon!..

— Et pourtant j'ai chéri la vertu plus que les grandeurs qu'il m'eût données, plus que lui-même, peut-être... Une seule fois je prodiguai à ce héros les caresses d'une amante... ici, dans cette chambre où je mourrai. Il n'était alors que général; plus tard il ne trouva en moi qu'une amie, et pourtant il eût encore été mon amant, et pourtant son front portait la première couronne du monde. Voilà, mon cher Frémont, ce secret que vous entendrez à coup sûr répéter, enlaidi par la calomnie; le voilà vrai, sincère, entier : c'est lui que je vous charge de transmettre à ma fille Agathe, quand elle sera en âge de l'entendre. Pour l'autre, j'en ai le triste pressentiment, ce serait lui fournir un sujet d'ironie... Et cependant mon ame sourirait dans l'éternité si du moins Napoléontine ne calomniait point sa mère; si elle pouvait se persuader que ses traits, si ressemblans à ceux du grand homme, n'ont d'adultérin que le reflet d'une imagination éprise.

« Prenez maintenant cette clé, continua madame Desmares en la présentant à Frémont; elle ouvre un nécessaire que vous allez trouver dans ce placard, et que vous emporterez dès aujourd'hui. Ce meuble renferme un billet de Napoléon, avec une bourse contenant dix pièces d'or, que je tiens aussi de lui. Il la posa sur cette cheminée, en 1795, pour subvenir à ma subsistance...

Et, retenez bien les dates, je ne fus faible qu'en 1796... Alors, je ne me donnai pas à mon bienfaiteur, mais à mon amant, à mon idole... au dieu des armées qui courait aux combats d'Italie, sans être, hélas! doué de l'immortalité matérielle. Remettez, mon ami, ce trésor à ma fille Agathe; elle sera digne de le posséder...

Madame Desmares, après quelques autres recommandations, adressa enfin d'éternels adieux à Frémont, malgré les efforts qu'il faisait en sanglotant pour repousser ce lugubre congé.

—Mon ami, je connais bien ma situation, disait-elle en mêlant ses larmes à celles de cet excellent homme... Je m'éteins; mais félicitez-moi : lui aussi expire lentement sur un rocher, victime des honteuses terreurs de cette alliance qui s'est proclamée sainte, et que signale un infernal assassinat... Félicitez-moi, je vais le retrouver dans un monde où ne sauraient le poursuivre les vengeances humaines.

— Adieu, chère dame, répondit Frémont d'une voix étouffée...; mais je vous reverrai demain.

— Oui, mon ami, répliqua-t-elle en tournant un peu la tête sur son oreiller; mais, moi, je ne vous verrai plus... Si je vis encore, ajouta Rose avec un reflet du sourire des anges et en se touchant les yeux, ces flambleaux de la vie, déjà ternes en ce moment, auront cessé de m'éclairer...

Elle disait vrai; dès que la nuit fut venue, sa fièvre redoubla, augmentée des idées ardentes, tumultueuses que secouait violemment dans sa tête le souvenir, ou plutôt le délire, inspiré par la couche où reposait son corps mourant.... Toutefois l'impétuosité même d'une telle impression fit jaillir de cette brulante agonie une intention arrêtée, lucide, et qui fut exprimée en termes précis.

— Madame, approchez, dit la mourante à sa garde, pendant une absence d'Agathe, toujours confiante, comme un enfant, dans les secours de la pharmacie.

— Me voilà, répondit la femme bienfaisante par métier; que désirez-vous?

— L'heure de l'espérance est passée; j'aperçois la mort; elle accourt vite... et, sur votre salut éternel, faites ce que je vais vous dire...

— Je suis prête à vous obéir, répondit la garde en tremblant.

— Ce que j'ai à vous demander aurait lieu, d'ailleurs, un peu plus tard... ce sera donc autant de fait. Puis, rejetant avec une puissance musculaire dont on ne l'eût pas crue capable sa couverture à ses pieds, elle dit d'une voix pleine: Prenez une aiguille, du fil, et ensevelissez-moi dans le drap sur lequel je suis, à la réserve de la tête seulement... Le surplus du travail sera fait promptement ensuite, et je serai sûre que mon vœu sera accompli...

— Mais, madame, ce que vous demandez là fait frémir, répliqua la garde, qui frémissait effectivement... la Providence est grande et vous êtes encore jeune... on a vu des crises salutaires... Le médecin peut ordonner des synapismes, une saignée au pied... et bon Dieu! que deviendrais-je s'il voyait!...

— Le médecin véritable... s'avance à grands pas avec sa lancette infaillible, sa faux... l'autre ne peut plus rien... hâtez-vous de m'obéir....

La garde prit une aiguille, du fil et ensevelit madame Desmares toute vivante.

— Merci ! dit-elle d'une voix éteinte : ce fut son avant-dernière parole.

L'agonie dura vingt heures encore : combat opiniâtre entre la mort et une existence puissante, que le chagrin avait atteinte, ainsi que le vers pique au cœur l'arbre plein de sève et riche de rameaux. Enfin, le 5 mai 1821, au moment où le soleil cachait son grand disque rouge derrière les coteaux dont Paris occupe le centre, madame Desmares poussa un soupir bruyant, sa couchette cria sous l'effort convulsif de ses membres; puis elle articula d'une voix claire...

— Napoléon, me voici !...

Le lendemain, on acheva de coudre le drap... et l'inconsolable Agathe, éperdue, s'élança vers la rue de Richelieu... Ma mère est morte ! s'écria-t-elle en entrant dans la chambre de sa sœur, où résonnaient les accords d'un prélude harmonieux : Napoléontine allait chanter une cavatine nouvelle.

A quelques mois de là, les journaux annoncèrent que l'illustre captif de Sainte-Hélène avait expiré le 5 mai, au coucher du soleil... Cette singularité sympathique offre d'autres exemples : méditez, physiologites et philosophes. Le champ du savoir est encore petit ; devant vous s'étend un univers incommensurable d'inconnu ; marchez : l'impossible n'a peut-être qu'un bien petit refuge.

V.

Les Conséquences.

Suivons maintenant, à travers leurs influences respectives, les deux destinées si diversement préparées par la nature et l'éducation. Voici Napoléontine : jolie, coquette, déjà remarquée; insouciante de tout savoir utile, persuadée que la fortune c'est la beauté. Pauvre enfant! elle ignore que les prévenances, si suaves, si délicates des hommes, dont une institutrice imprudente, mademoiselle Amanda, déroule prématurément sous ses yeux l'esquisse séduisante, sont précisément des causes de perdition, puis de mépris, puis de profonde misère. Elle ignore, innocente qu'elle est, que, par la pente qu'on lui peint douce et fleurie, une jeune fille glisse d'autant plus vite vers l'abîme qu'elle est plus belle et plus tendre. Amanda pourrait apprendre pourtant que l'habitude épand sur les charmes son insipide coloris, et que la tendresse, pour le cœur refroidi d'un amant, devient quelquefois une insupportable obsession.

Agathe vit dans une sphère bien différente: rentrée chez le médecin orthopédiste qui l'aime tendrement, parce qu'il l'a presque élevée, parce qu'il peut montrer en elle une preuve irrécusable des succès de son art, elle pleure amèrement sa mère avec monsieur Frémont. Retiré du commerce, pourvu d'une fortune considérable, son parrain vient la voir régulièrement tous les jours, et se plaît à seconder les belles dispositions que montre cette enfant pour tout ce qui peut enrichir la pensée, former le jugement et payer un tribut utile à la société. Mais les arts d'agrément ne sont point étrangers à l'active Agathe : son ami lui a fait comprendre que les distractions qu'ils procurent, en formant une heureuse diversion aux études graves, rendent l'aptitude, délassée et rafraîchie, plus propre à s'en pénétrer. Mademoiselle Desmares apprend à peindre le paysage, elle a pris un maître de harpe, et, pour compléter l'œuvre orthopédique;

du docteur, il lui a choisi un maître de danse, qu'il peut diriger d'après ses idées médicales. Agathe profite, dans ces exercices comme dans les sciences morales et mathématiques; on n'en sera point surpris : cette jeune personne sait très-bien qu'elle ne doit rien attendre d'un physique, sinon disgrâcieux, du moins peu avenant : son miroir est peut-être le plus habile de ses professeurs. Nulle préoccupation coquette ne vient donc troubler ses travaux; elle sait qu'il ne lui peut être permis de plaire aux yeux : tous ses soins tendent à plaire à l'esprit, au cœur. Son empire doit s'exercer en sens inverse du charme ordinaire qui subjugue chez la beauté : ici l'ame a la tâche de racheter les imperfections du corps.

Ainsi s'écoula l'adolescence des filles du parfumeur; et, comme on le pense bien, des principes, des occupations, des conseils si différens produisirent des résutalts bien opposés pour Napoléontine et pour Agathe. La vie studieuse et sage est obscure : j'aurai peu à vous parler de mademoiselle Desmares cadette; beaucoup de son aînée.

La filleule du respectable Frémont était, à quinze ans, une jeune personne instruite, affable, pourvue d'une foule de talens agréables, et, contre l'attente générale, fort bien faite. Mais, il faut en convenir, un regard vif et spirituel, une physionomie expressive, et cette beauté du diable qui fascine quelquefois, déguisaient imparfaitement la laideur native d'Agathe. Ce n'était qu'en l'écoutant parler, en l'entendant penser qu'on se sentait conquis par ses belles qualités, quand on possédait une âme aussi belle que la sienne.

Or, cette sympathie, l'ancien négociant ne l'éprouvait pas seul dans sa famille : Son fils, jeune homme de vingt ans, qui se destinait au barreau, appréciait dignement Agathe; ses vertus, ses connaissances, les malheurs qui avaient affligé sa tendre jeunesse, le délaissement d'un père dénaturé, tout attachait M. Jules Frémont à la protégée de son père. Légiste distingué, penseur profond, sa gravité n'était pas, comme celle d'une foule de jeunes gens, tout entière dans les prétentions; et sa conduite ne démentait point son langage. Il laissait cette incohérence entre les préceptes et l'exemple à certains petits feuilletonistes, qui, fiers et insolens parce qu'un journal de coterie ouvre à leurs cabrioles littéraires une page tous les matins, tirent de leur imagination de la morale, voire de la chasteté, assis entre deux filles d'Opéra, devant une table couverte de flacons. Jules n'estimait que ce qui était estimable, ne louait que les hommes ou les choses dignes d'éloge, et vouait un souverain mépris à tout esprit, à tout instrument d'intrigue... Je l'ai vu, plus d'une fois, déchirer avec indignation des journaux où nos assembleurs de mots sonores et redondans étaient proclamés de sublimes écrivains par des rédacteurs qui leur passaient la rhubarbe, afin d'en obtenir le séné. Il s'indignait surtout, l'honnête garçon, en voyant deux ou trois éditeurs se proclamer, à tant par ligne d'annonce, les restaurateurs de la littérature française, grâce aux vignettes de Tony Johannot et à l'art de satiner un in-octavo de vingt feuilles, sans en faire *une galette*. Et comme c'est là réellement tout le talent de ces messieurs, mon sévère avocat manqua un jour de faire une esclandre au Musée, devant le portrait du propagateur de la *haute librairie*, s'appuyant sur un in-octavo de sa *création* typographique, comme un Turenne ou un Condé sur son bâton de commandement. Qu'a-t-il donc pensé, l'irascible Jules, s'il a vu, cette année, l'illustration lithographique et l'immortalité de plâtre que nos *jeunes* artistes ont ouverte à leurs amis, les *jeunes* auteurs, compositeurs, peintres, dessinateurs, graveurs, décorateurs, éditeurs, habiles à boire du vin de Champagne et à se faire vanter par les *jeunes* débitans de renommée ? Qu'a-t-il pensé s'il a vu ce bon troupeau de Panurge appelé le public acheter les romans, les tableaux, les dessins, les publications *importantes* de messieurs tels et tels, parce qu'ils avaient leurs portraits lithographiés chez Martinet ou leur buste à l'exposition ? Sans doute Frémont s'est écrié, ainsi que tous les gens sensés : « Pauvre génération, comme on se moque de toi !... » Mais revenons.

Le fils du parrain d'Agathe avait pour elle de l'estime, du respect, de l'admiration. L'amour ne se trouve pas souvent là-dessous :

pourtant il s'y est rencontré quelquefois.

Lecteur, quittons la rue des Saints-Pères, qu'habite mademoiselle Desmares la jeune, franchissons le Pont Royal, et rendons-nous rue de Richelieu.

Vous savez que mademoiselle Napoléontine est d'une année juste l'ainée d'Agathe; elle a donc seize ans, et c'est, quant aux dons de la nature, une femme accomplie. Mais vous qui certainement avez des principes solides, vous allez trouver ses grands yeux bleus trop hardis, sa poitrine trop découverte, son sourire trop encourageant, ses paroles trop peu mesurées; et véritablement votre jugement sera fort équitable. Cette belle personne est par malheur l'élève d'Amanda, d'Amanda qui fut si *malheureuse* qu'il n'a pu lui rester la moindre inspiration de pudeur. On connaît, du reste, les mauvaises inclinations que Desmares n'a jamais cessé d'encourager chez sa fille, les caprices qu'il a laissé foisonner en elle, la coquetterie qui, dès son enfance, se développait dans ce naturel ouvert à tous les vices, fermé à tous les germes de vertu.

Bref, mademoiselle Napoléontine touchait au bord du précipice; disons plus, une complexion impérieuse, excitée encore par des lectures passionnées et par les confidences de sa dangereuse compagne, pouvait, au premier instant, jeter cette malheureuse enfant dans les bras d'un séducteur, et ce séducteur était là.

On n'a point oublié qu'un chambellan a nommé mademoiselle Desmares l'aînée, avec la comtesse de L***, dame des atours de l'impératrice. La marraine, jeune et belle au temps de la cour impériale, ne l'était plus au retour des légitimes; elle sentit qu'elle n'avait plus à gagner ni plaisirs, ni honneurs, ni richesses dans une apostasie, parce que la fortune des vieilles femmes est rare; elle se retira du monde illustre, et demeura fidèle aux souvenirs du régime vaincu, à défaut d'attraits pour elle dans le régime vainqueur. Vous rencontrerez par la ville cette beauté émerite, faisant traîner les débris de ses charmes dans un vieux carrosse aux armes de comte d'empire, débris lui-même d'une splendeur évanouie.

Le chambellan, que j'ai nommé le comte d'Aiguerande, était plus jeune en 1810 que madame de L***; il appartenait d'ailleurs plus incontestablement à la noblesse anté-revolutionnaire; on le vit retourner lestement son habit en 1814, et comme il avait beaucoup soupiré, dans le plus grand secret, après le retour des Bourbons, ceux-ci en firent un gentilhomme ordinaire de la chambre. Puis ce fidèle serviteur, ayant rendu depuis d'importans services à la monarchie, en boutonnant les guêtres de velours du bon roi Louis XVIII, on le fit maréchal-de-camp. Enfin, monsieur d'Aiguerande s'étant illustré un matin dans son grade, en faisant passer madame du C*** derrière un paravent, à l'arrivée intempestive d'un ambassadeur, sa majesté lui décerna, pour cette action d'éclat, la dignité de lieutenant-général. On conçoit que c'était un protecteur à soigner par la famille Desmares, et vous allez voir qu'il songeait quelque peu à se prévaloir de sa position.

Au moment où nous entrons ensemble, lecteur, dans le salon du parfumeur, car il a maintenant un salon, Napoléontine tient le piano; un jeune professeur fashionable accompagne avec le violon une romance de Romagnesi, qu'elle chante méthodiquement, mais d'une voix qui manque de fraîcheur... Une voix de seize ans déjà altérée, cela vous étonne, peut-être; demandez-en la raison à mademoiselle Amanda. Si sa réponse n'est pas catégorique, pénétrez mystérieusement dans la chambre de Napoléontine.... Bon, ouvrez ces volumes jetés négligemment sur sa toilette : *la Nouvelle Héloïse*; et ces autres: *Vie du chevalier de Faublas*.... Vous en savez assez, je crois; mais n'outrez pas l'interprétation : si mademoiselle Desmares a cessé d'être innocente, ce n'a été que d'intention.

Vis-à-vis le piano, le comte d'Aiguerande, chamarré de broderies et de rubans, est à moitié couché sur un canapé, entre mademoiselle Amanda, dont son bras froisse cavalièrement la robe, et le parfumeur, imprégné de ses produits comme le mouchoir d'une femme entretenue.

— Mademoiselle chante délicieusement, dit le comte en grasseyant, lorsque le morceau fut fini... C'est la rivale heureuse de

Malibran et de Cinti; mais il manque ici des écouteurs, une société choisie de dillelanti.... on ne fait pas chanter une fauvette en cage; mon cher Desmares, il faut donner l'essor à ma filleule, la produire dans le grand monde...

—Mais, monsieur le comte, ma fortune ne me permet pas de fréquenter les gens comme il faut..... et puis ils pourraient me trouver.....

—Comme il ne faut pas, interrompit en ricanant monsieur d'Aiguerande.... cela serait injuste; je vous trouve en vérité très-bien : une tête vénérable; il y a dans votre air quelque chose du président à mortier. Mais il n'est pas nécessaire que vous dérogiez à vos habitudes; continuez, continuez, papa, à jouer bourgeoisement votre partie de dominos. Mademoiselle Amanda, personne remplie de bon sens et d'expérience, servira de chaperon à notre chère enfant, et je me charge d'être leur introducteur dans la haute société.

— Mademoiselle Amanda ! hum ! grommela Desmares entre ses dents.

— Nous introduirons d'abord ces demoiselles dans les soirées de mon hôtel..... là, votre sécurité sera bien à l'aise, je crois... la comtesse est une femme chaste et pieuse.

— Ah ! si monsieur le comte me promet...

— Appelez-moi, tout simplement général, mon cher Desmares : ce nom est plus court et flatte un vieux soldat (le comte avait été quinze jours cadet en 1789). Oui, sans doute, je vous promets la protection de ma femme pour notre Napoléontine.... La chère petite ressemble beaucoup à l'usurpateur, que la comtesse haïssait mortellement.... Mais, que diable ! à tout péché miséricorde ; nous avons tous servi cet homme-là, et feue madame Desmares peut s'être trouvée, comme une autre, dans la nécessité de....

— Eh bien ! non, général, interrompit à

son tour le parfumeur; la chère dame m'a juré vingt fois qu'il n'en avait rien été.... Il y a eu seulement idée, et comme qui dirait envie de femme grosse......

— Oui, ce sont toujours des envies qui produisent ces ressemblances-là...... Enfin j'arrangerai tout cela avec la comtesse, et nous produirons nos chères demoiselles... Voilà qui demeure convenu, n'est-ce pas, respectable Desmares, et vous, Napoléontine, est-ce que vous ne serez pas bien aise de voir un peu le beau monde?

— Pardon, mon parrain, répondit la jeune personne sans hésiter.... on est charmant dans le beau monde. Aux Tuileries, dans l'allée des orangers, où l'on rencontre des jeunes gens si bien mis, j'entends dire souvent derrière moi: Elle est jolie, et c'est toujours flatteur.

— On vous le dira dans nos cercles d'une

manière plus expressive encore,. reprit le
comte avec intention. Et que sait-on ? il peut
se trouver un gentilhomme disposé à épouser,
parmi les jeunes officiers de la garde-royale....

—Vous croyez, mon parrain ? s'écria Napoléontine avec toute l'ingénuité que perpétue
l'ignorance des bienséances.... Ah ! Dieu !
que j'aimerais à être recherchée par un bel
officier de lanciers....

—Napoléontine, dit Amanda avec une
légèreté à peu près aussi marquée, quoique
moins ingénue, ces choses-là peuvent se
penser, mais on ne les dit pas.

—Ah! c'est qu'elle a toujours aimé les
uniformes, dit niaisement le parfumeur...

— Je crois parbleu bien, murmura le
comte en se levant. Allons, fixons le jour;
notre projet est trop aimable pour retarder
son exécution, poursuivit d'Aiguerande, en
s'assurant sur le parquet par un coup de pied

à la manière des marquis d'autrefois....
Voulez-vous que nous débutions à la campagne?... hein ! ce serait enchanteur ; l'été est superbe; j'inviterai bonne compagnie à ma terre de Saint-Maur. Cela va-t-il ? Je viendrai prendre moi-même ces demoiselles.... mercredi, par exemple.

— Vraiment, c'est trop de bonté, monsieur le comte, s'écria notre parfumeur bouffi de vanité, en faisant tomber, dans ses salutations redoublées, un nuage de poudre sur l'habit du gentilhomme....

— Alors, s'écria Napoléontine sans attendre la permission de son père, nous serons prêtes mercredi à neuf heures du matin.

— Ma voiture sera à la minute devant votre porte; exactitude militaire : nous ne connaissons que cela, nous autres généraux.

VI.

La Rançon.

Le comte d'Aiguerande, à l'époque où se passaient ces événemens, était un homme d'environ cinquante ans; mais cet âge demeurait un secret même pour ses meilleurs amis, et l'on doit convenir que la nature ne le trahissait point. Teinte ou exempte des outrages du temps, sa chevelure conservait une belle couleur brune, et nulle éclaircie ne s'y faisait remarquer. Ses traits nobles, grâcieux et réguliers, étaient peu altérés; il y a plus, on y retrouvait encore quelques traces d'un coloris vermeil, vrai ou artificiel. Dans un siècle où nos *graves* jeunes gens portent des corsets, le comte eût peut-être avoué sans difficulté qu'il comprimait sa taille épaissie sous un gilet lacé; mais il ne se fût pas piqué d'une semblable sincérité relativement à la ouate qui coussinait ses pantalons. Le tout ensemble constituait un homme bien conservé : aussi notre gentilhomme de la chambre, semblable à ces tableaux précieux qu'on a restaurés habilement, obtenait, à force d'art, presque autant de succès dans le monde que s'il eût possédé tous les avantages de la jeunesse.

Tel que je viens de le peindre, d'Aiguerande, interposé, dans le fond de sa voiture, entre Napoléontine et Amanda, emmenait ces demoiselles à son château. L'élégant équipage roulait rapidement sur la route que le bois de Vincennes borde d'un double rideau verdoyant, tandis que le galant conducteur débitait de fades propos, quelquefois de libres saillies, à la jeune fille que l'imbécile Desmares abandonnait à l'homme le moins digne d'une pareille confiance. Quant à la demoiselle de comptoir, elle était depuis long-temps inscrite parmi les conquêtes du comte ; et je dois malheureusement ajouter qu'après avoir été sa maîtresse, l'infâme devenait sa complice dans un noir complot.

C'est, je vous le proteste, une bien vile créature que cette Amanda : vous allez voir. Tant qu'elle avait été jeune, le plaisir seul s'était offert à ses vœux : le plaisir suffit en effet aux femmes galantes, car il se présente toujours à elles magnifique et prodigue; pauvre même, il simule la richesse pour se faire plus séduisant; la beauté qu'il enivre ne voit rien au-delà. Mais quand les séductions se sont évanouies en elle, quand son teint commence à pâlir, ses orbites à s'ombrer, ses joues à se creuser, ses cheveux à s'éclaircir, alors vient l'idée de la vieillesse, de la vieillese avec son escorte d'invincibles besoins et d'infirmités. Alors aussi commence la galanterie spéculative : Amanda était parvenue à ce revers aride du riant coteau de la vie.

Son entrée chez le parfumeur fut une extrémité ; bientôt elle conçut le projet d'y rester par spéculation. La froideur de madame Desmares pour son épais mari n'avait pu échapper à cette fille expérimentée; elle se prit à chercher des sens sous ce naturel engourdi; ce soin y excita la bestialité. Desmares fit alterner son insipide routine entre sa demoiselle de comptoir et les dominos du café Lamblin. Amanda, satisfaite dans tous ses caprices onéreux, s'arrangea volontiers de cette rivalité avec le double six; mais elle en fit subir plus d'une autre à son idiot amant : d'Aiguerande eut sa part d'aubaine, et se lassa vite d'un tel pâturage d'amour. Le comte avait pénétré les desseins de son amante d'une semaine : il vit qu'elle ne tendait à rien moins qu'à se faire épouser par le père de Napoléontine. « Je vous seconderai, dit-il, et comme j'exerce une grande influence sur l'esprit de ce pacant, nul doute que je ne parvienne à vous jeter, dûment conjointe et bénie, parbleu! dans le lit de la défunte. Mais il faut me donner la petite : c'est ma condition *sine quâ non.* »

Le traité fut conclu, et les parties contractantes travaillèrent, chacune de son côté, à la plus prompte exécution. Tandis que l'impure compagne de Napoléontine exaltait son imagination, et la poussait ainsi dans les bras du séducteur qui guettait l'explosion de ses sens, Aiguerande vantait souvent à Desmares l'affabilité d'Amanda avec les chalans du magasin, l'art tout particulier qu'elle employait pour les décider à faire d'importantes acquisitions, le dévouement sans bornes qu'elle vouait aux intérêts de sa maison. Vraiment, ajoutait-il toujours, ce serait un tresor à vous assurer par un bon mariage. Le parfumeur ne penchait que trop vers ce parti; mais il aimait Napoléontine, quoiqu'il l'eût fort mal élevée : le comte vit qu'il hésitait à compromettre la fortune de cette jeune personne (car, pour sa sœur, il n'en était pas question). Amanda, tout récemment encore, avait donné, par anticipation, des preuves irrécusables de fécondité, qui ne laissaient pas de faire réfléchir Desmares : Aiguerande jugea que toute la difficulté était là. Ses espérances coupables s'en augmentèrent, et nous allons voir se dérouler son plan odieux.

Si vous avez exploré les bords de la Marne, vous aurez certainement remarqué, sur sa rive gauche, un peu au-dessus du pont de Saint-Maur, un joli château à l'italienne, devant lequel s'étend une belle cour que ferme une grille peinte en vert. Derrière l'édifice, dont la principale façade regarde le cours de la rivière, se massent, en touffes épaisses, des tilleuls aux larges feuilles, aux fleurs grêles et prodigues de suaves émanations. C'est un de ces parcs classiques tels qu'on les dessinait au dix-huitième siècle : des arbres artistement mutilés, des buissons symétriques et tondus carrément, des bassins ronds où l'eau dort; des statues qui, présentant des feuilles de vigne pour tout vêtement, intriguent l'innocence qu'on voulait abuser... car personne assurément ne peut croire que le pampre végète en tel lieu.

Cette habitation, si heureusement située, appartient au comte d'Aiguerande; voilà sa voiture qui s'arrête vis-à-vis; la grille s'ouvre au cri formidable de *la porte*, que le cocher laisse tomber de son siége; on entre dans la cour, où trois laquais en livrée accourent à la portière de leur maître.

— La comtesse, un peu indisposée, dit Aiguerande en tendant la main à ses convives, est retenue dans son appartement: elle sera privée d'assister à la fête; mais, ma belle filleule, je vais vous présenter à elle....

— Je vous en prie, mon parrain, répondit Napoléontine: jai hâte de lui témoigner mon respect....

— Oui, monsieur le comte, ajouta mademoiselle Amanda, en se pinçant les lèvres, nous serons charmées de saluer madame la comtesse : ce sera pour nous beaucoup d'honneur.

Ces derniers mots avaient été prononcés avec affectation; mais la fille du parfumeur ne s'en aperçut point.

Madame d'Aiguerande paraissait avoir quarante ans; sa figure était belle encore; mais Napoléontine ne trouva pas que ses traits malins, ses yeux hardis, la pose un peu libre qu'elle avait prise sur sa chaise longue, fussent des garans bien persuasifs de la piété dont le comte la disait pourvue. Toutefois l'apparence étant assez souvent trompeuse, mademoiselle Desmares composa son langage et ses manières pour adresser à la dame du château un petit compliment presque dévot.

— C'est bien, mon enfant, répondit la

comtesse; mais il n'est pas défendu de s'amuser: vous êtes ici pour cela, et le comte est un excellent guide, qui vous tiendra constamment dans la voie convenable. D'ailleurs, poursuivit-elle avec un ton qu'une jeune personne moins ignorante eût trouvé étrange, mademoiselle Amanda est en pareille occasion d'un fort bon conseil; elle a fait ses preuves, et son expérience....

— Ne vaut pas la vôtre, madame, interrompit la demoiselle de comptoir....

—En vérité, je ne sais trop, reprit madame d'Aiguerande.

— Ces demoiselles, interrompit à son tour le comte, sont désolées que vous ne puissiez pas être des nôtres; mais il faut respecter les arrêts du médecin.

— Oui, oui, comme vous dites, mon cher ami, les arrêts du médecin; il faut les respecter...j'en ai souvent besoin.

— Je le crois, répliqua d'Aiguerande... Mais j'entends des voitures : c'est sans doute le reste de notre compagnie. Nous vous laissons, comtesse... suivez le régime, entendez vous, suivez-le bien.

— Soyez sans inquiétude ; mais envoyez-moi votre chasseur : jai des ordres à lui donner touchant le régime que vous me recommandez.

Le gentilhomme de la chambre courut recevoir ses nouveaux convives, qui, les uns à cheval, les autres en calèches découvertes, débouchaient bruyamment dans la cour. Il y avait sept dames et huit messieurs. Cette inégalité des deux nombres ne fut pas remarquée par Napoléontine, car rien en cela n'était propre à provoquer son attention ; mais elle eût pu l'être lorsque le cavalier qui se trouvait isolé salua mademoiselle Amanda d'un air de connaissance, et s'attacha dès-lors à ses pas. Ainsi la société se composait de neuf couples ; chacun des arrivans avait sa chacune : Napoléontine se trouva donc naturellement celle de son parrain.

Voilà mademoiselle Desmares lancée dans le grand monde ; voyons un peu quelles sont les manières de cette compagnie d'élite. Les hommes, qui pour la plupart portent moustaches, sont apparemment des officiers, et quoique leur ton militaire se trahisse de temps en temps, on reconnaît en eux une politesse recherchée et l'habitude d'une société choisie ; seulement on dirait que leur tenue prend aujourd'hui plus de licences qu'à l'ordinaire. Ce qui, sans doute, autorise une telle latitude, c'est l'abandon un peu complet des dames, soit dans la parure, soit dans les attitudes, soit dans le langage. Quelques unes d'entre elles ont répété plusieurs fois : « A la campagne comme à la campagne ; » mais il y a un genre de laisser-aller qui ne paraît convenable nulle part, et les jolies convives du comte se le permettent.

Par exemple, pendant une promenade sous les ombrages du parc, qui précéda le diner, ces dames quittèrent toutes les bras de leurs cavaliers et se sauvèrent dans les bosquets, en défiant ces messieurs de les attraper. Amanda ne fut pas une des dernières à faire cette fugue joyeuse; le comte resta seul dans l'allée principale avec sa filleule.

— Eh! bien, chère petite, lui dit il, ne voulez-vous pas que je vous *attrape* aussi?

— Pardon, mon parrain, répondit la jeune fille, qui ne croyait rien faire de mieux que d'imiter les folies du beau monde... Mais je vais peut-être me perdre dans ces massifs épais... Tenez, écoutez, j'entends des cris; je crois que plusieurs de nos dames se sont déja perdues, et qu'elles appellent à leur secours....

— Oh! que non, chère Napoléontine ; elles savent bien ce qu'elles font, et vous seriez ridicule si vous ne les imitiez pas.

— Vraiment! s'écria-t-elle en quittant le bras d'Aiguerande ; j'en serais inconsolable... Courez donc après moi, et attrapez-moi si vous le pouvez.

— Je l'espère bien.

A ces mots, la filleule se sauva, et le parrain suivit ses traces. Alerte et légère, Napoléontine fit courir le gentilhomme jusqu'à le rendre haletant. Tantôt sa robe blanche lui apparaissait à travers la feuillée, et disparaissait au moment où il allait la saisir ; tantôt, tournant autour d'un gros arbre, elle bravait son poursuivant, après lui avoir touché la main; puis saisissant une occasion favorable, elle s'enfonçait dans une touffe élastique de chevrefeuille. Ce jeu durait depuis un quart d'heure, lorsque le comte, trompant l'espiègle par une marche cachée dans un sentier de labyrinthe, la saisit tout-à-coup, à bout de bras, en lui criant :

— Vous êtes ma prisonnière....

— C'est juste, mon parrain.

— Napoléontine, reprit d'Aiguerande, dont le regard étincelait, il me faut une rançon....

— Serez-vous bien exigeant, demanda l'imprudente dont le sein, agité par la course, battait contre celui du comte...

— Je pourrais l'être, belle petite amie, vous êtes si riche; mais je ne vous demande à présent qu'un baiser....

— Prenez, mon parrain.

Le hardi vainqueur ne prit pas, il posa ce baiser; mais il le posa longuement, pesamment, et la plainte fut impossible.... Une teinte de pourpre s'épandit sur le joli visage de mademoiselle Desmares : c'était la première fois que les lèvres d'un homme avaient touché les siennes.

— Napoléontine, dit le gentilhomme de la chambre en pressant sa filleule sur son cœur, regrettez-vous la rançon...!

— Je ne sais, monsieur le comte, ce que j'en dois penser.

En ce moment la cloche du dîner se fit entendre; tous les convives reparurent dans l'allée; Amanda y revint la dernière.

— Vous avez bien tardé, bonne amie, lui dit son élève, est-ce que ce monsieur ne vous a pas attrapée?

— Si fait, mon enfant, mais d'une manière désagréable; j'espère que tantôt il n'en sera pas ainsi... Et vous Napoléontine, poursuivit Amanda en portant un œil scrutateur sur la jeune fille, encore rouge, avez-vous été prise?

— Oui, bonne amie, et j'ai dû payer un baiser pour racheter ma liberté.

— Votre vainqueur a été trop généreux ; vous n'êtes pas quitte.

— Faut-il l'avouer, Amanda; je suis un peu tentée de dire tant mieux.... Vous savez le baiser de Saint-Preux... Hé bien, celui-là a été absolument la même chose.... Il m'a couru, comme l'étincelle électrique, jusqu'à l'extrémité des pieds.

— Elle est perdue, murmura pour elle seule la demoiselle de comptoir.

XIII.

L'Orgie.

Le dîner de Saint-Maur est parvenu au dessert; il fait nuit; vingt bougies roses reproduisent mille fois leur lumière dans les facettes étincelantes d'une multitude de flacons. Le cristal diaphane aux flancs coloriés diversement par d'exquises liqueurs, la cerise vermeille et la fraise parfumée s'élevant en pyramides, les surtouts réalisant en miniatures ingénieuses les palais d'émeraudes, de rubis, de saphirs des Mille-et-une Nuits; toutes ces merveilles d'office, inondées d'un déluge de feux moins éclatans encore que l'écharpe de regards qui ceint la table; dix-huit corps penchés les uns vers les autres par une double ivresse; des paroles sans suite, des chants interrompus, des baisers retentissans... Voilà le tableau général; les scènes épisodiques, retracées séparément, offriraient de nombreuses redites, puis une tendance uniforme vers un même dénouement.... Je n'en peindrai qu'une : je vous la dois, lecteur.

—Comte, disait Napoléontine, dont la paupière pesante ne laissait plus voir qu'à moitié ses beaux yeux bleus, versez du Champagne, versez toujours.... il m'ouvre une nouvelle vie, une vie de prestiges, d'illusions enchanteresses, de sensations délicieuses....

— Assez, assez, mon enfant, répondait d'Aiguerande, séducteur voluptueux qui ne voulait pas devoir son bonheur à une ivresse grossière.... Ecoutez, ce pétillement impétueux, cette mousse qui bout dans le cristal, ils vous avertissent qu'il faut se défier de ce nectar si doux : c'est un ennemi perfide qui frappe en caressant.

— Vraiment ! mon parrain... Tenez, je ne crois pas... Ah! ah! ah! la folle idée qui me passe par la tête... J'ai grande envie de vous la dire : votre sermon ressemble à celui des vieilles mamans qui nous répètent sans cesse, à nous autres demoiselles, défiez-vous de ce jeune homme si empressé, si complaisant, c'est un vaurien, un monstre ; sa langue distille un poison plus subtil que celui de la vipère : ah! ah! ah!... et ce vaurien, ce monstre, ce reptile, nous dit des choses charmantes ; son regard est suave comme une matinée de mai, ses paroles harmonieuses émeuvent, son baiser pénètre d'une bienfaisante chaleur... Versez, comte; vous prêchez injustement contre le Champagne, comme les grand's-mères contre les amans...

— Tu te trompes Napoléontine, reprit Aiguerande en appliquant à sa filleule un baiser plus audacieux que celui du bosquet; je suis tout-à-fait le partisan de l'ivresse et des amans....

— A la bonne heure... Oh! mais c'est une féerie ! Voyez donc, mon parrain, voyez comme tous ces feux scintillent, s'agitent, se croisent sur la table ! comme ces flacons s'alongent pour augmenter leur contenu vermeil!.. Et puis voilà ces dames, ces messieurs qui dansent... Oh ! mais, c'est singulier, ils dansent assis... Pourquoi ne faisons-nous pas comme eux ?....

— J'espère bien que nous les imiterons... Tiens, maintenant....

— Oh! non, non, pas ainsi; j'ai trop honte... A table... je n'ai pas lu cela dans la Nouvelle Héloïse...

— Les livres ne peuvent pas tout dire, adorable enfant, et l'amour est plus éloquent encore qu'eux....

— Vous parlez de l'amour, mon parrain... Est-ce que vous êtes amoureux de moi ?

— En doutes-tu, Napoléontine? Viens, je vais te le prouver; viens, tu n'as encore qu'un pied dans cette sphère de sensations délicieuses dont tu parlais à l'instant; viens, je suis ton parrain, et toute ma tâche, à ce titre, n'est pas encore remplie... Il te reste à recevoir un dernier baptême.

La moitié des convives avait quitté la

table et même la chambre.... Amanda s'y trouvait encore; elle vint, chancelante de son ivresse et de celle de Napoléontine, se placer devant elle.

— Petite, dit la demoiselle de comptoir, ton heure est venue; ta jeunesse va déchirer son dernier lange.... Bonne chance.... Puis elle ajouta en s'approchant du comte... Général expérimenté, n'allez pas rester au-dessous de vous-même au moment d'une si belle victoire... Venez, Edouard...

Et lorsqu'Amanda parlait ainsi, ses cheveux, à demi détachés, flottaient épars sur ses épaules, le nœud de sa collerette flétrie figurait sur sa nuque, et le bouquet qu'une main galante avait attaché à son côté, n'y montrait plus que des tiges brisées. Elle jeta ses bras autour du cou de celui qu'elle avait nommé Edouard; tous deux sortirent en trébuchant....

Napoléontine voulut se lever ; elle retomba sur son siége...

— Le plancher tremble, dit-elle d'un accent embarrassé ; comte, votre maison n'est pas solide...

— Il est probable, cher enfant, que c'est plutôt ton pied... Viens, il est temps de livrer au repos ce joli serviteur.

— Parrain, et ma tête aussi.... Elle est malade, ma tête... Ce vin de Champagne.... J'aurais dû vous écouter : vous aviez raison... Oh! mon Dieu ! est-ce qu'elles auraient raison aussi les grand's-mamans qui veulent qu'on se méfie des hommes?.. A cette réflexion, mademoiselle Desmares jeta un coup-d'œil sur ses vêtemens et frémit,.. Il venait de luire à la pauvre fille un éclair instinctif de pudeur.

En ce moment, elle se sentit enlever de sa chaise; sa tête appesantie tomba sur le sein du comte ; il l'emporta....................

....

....

Le jour pénétra tard sous la paupière de Napoléontine : une nuit d'été eût été trop courte pour réparer ses fatigues de la veille, quand même le sommeil eût été l'hôte unique de cette nuit. Il était près de midi quand la fille du parfumeur s'éveilla... Tout fut surprise pour elle : ses habits jetés çà et là, confondus avec ceux d'un homme ; une chambre inconnue, des meubles en désordre... Et là, là, tout près d'elle, sans que rien les sépare, dans un contact que révèle une chaleur étrangère, le comte, encore endormi... « Où suis-je? s'écria l'infortunée.. Que m'est-il arrivé?.. Ah! je me souviens... Grand Dieu! me voilà comme Amanda!.. Malheur à moi!.. Je sais qu'il ne l'estime point.... Lui, lui-même, la méprise... » Et Napoléontine se prit à pleurer.

Non, le crime n'est point inné; c'est la

vertu : elle se forme au cœur avec sa première fibre. Mais on n'accoutuma jamais l'oreille de notre pauvre Napoléontine à écouter un principe honnête ; on laissa ses passions croître librement et s'étendre, vagabondes, selon leurs caprices ou leur impétuosité. Bien plus, une complaisance funeste protégea, excita leur essor... Et pourtant elle répand des pleurs vertueux. Providence, un effort salutaire : il en est temps encore ; envoie un bras secourable à cette naufragée qui se noie ; son ame n'est pas conquise au vice, et cette souillure, qui a taché son corps sans le concours de sa volonté, peut être effacée. Hâte-toi, le tentateur ne tardera pas à s'éveiller : ainsi que le serpent des Antilles, il va fasciner sa victime de son regard ; il va l'empoisonner de son souffle... Les seize ans de mademoiselle Desmares, une électricité plus subtile encore que l'autre, les âcres souvenirs de la nuit, tout deviendra complice du séducteur... La vertu innée verra briser sa faible égide...

Mais la providence, cette fois comme tant d'autres, n'eut point d'inspirations secourables : d'Aiguerande s'éveilla... Napoléontine lui livra ce qu'il n'avait pu ravir : l'assentiment de son ame, la réciprocité du vice réfléchi...

Les destins sont, hélas! formés d'incohérences choquantes; l'univers est tissu de contrastes qui se touchent, s'enlacent, s'agglomèrent partout, malgré leur disparité..... Comment donc tant de choses contraires peuvent-elles émaner du même principe créateur, s'épanouir au même soleil, pomper les sucs d'une même terre, vivre dans la même atmosphère?... L'harmonie des mondes, a-t-on dit....'une harmonie que son auteur s'est plu à nous montrer inexplicable, féconde en contradictions, source de controverse et de scepticisme : harmonie que la plus profonde sagesse trouve si souvent discordante... confusion !

Là, tout près du théâtre où le vice s'ébat, la vertu, au souffle paisible et pur, s'épanche dans un entretien, et pourtant l'amour y est en tiers... Autre confusion ! l'amour peut être ici un ange, là un démon. A vingt pas du château appartenant au comte d'Aiguerande, une jolie propriété, long-temps à vendre, vient enfin d'être vendue à un négociant retiré des affaires, avec quarante mille livres de rente. Ce négociant, pourquoi vous le cacherai-je ? c'est monsieur Frémont : la vérité ne peut-elle pas avoir des allures de roman ? L'acquisition faite par le parrain d'Agathe date déjà de quelques mois ; mais il tient peu à nouer des relations de voisinage avec le gentilhomme gourmé ; la noble simplicité de Frémont ressemblant aussi peu à l'orgueilleuse faconde de son voisin, que la modeste habitation du premier ressemble à l'élégant château du second. On se rencontre, on se salue, c'est tout.

Il y a aussi des arbres, des gazons, des eaux dans la maison de Frémont; mais tout cela ne reçoit point le nom aristocratique de parc : notre ancien commerçant n'a qu'un jardin, cependant les ombrages n'y sont pas moins frais, les fleurs moins brillantes, les fruits moins savoureux que chez le voisin. Les promeneurs y circulent également à travers les bosquets touffus; mais on n'y attrape pas les demoiselles.

Or, confiante dans les habitudes de cette maison respectable, Agathe, amenée à la campagne par son parrain, parcourt les jardins avec Jules Frémont; Jules, qui vient de lui faire l'aveu d'un amour aussi fidèle que vertueux... Mais cette circonstance doit être reprise de plus haut.

Sortie récemment de l'établissement orthopédique, grande, droite, parfaitement, disons plus, élégamment conformée, Agathe n'est point rentrée chez Desmares : l'infâme l'a repoussée. Frémont pouvait invoquer l'autorité du code ; mais il a senti que les lois n'allaient conquérir qu'un enfer à sa filleule : il lui a donné un asile.

Agathe est d'abord allée souvent rue de Richelieu, parce qu'elle pensait qu'un père, en s'affranchissant de ses devoirs envers ses enfans, ne les dispense pas des leurs ; mais elle comptait parmi ses tribulations ces visites bienséantes, toujours accueillies avec brusquerie par Desmares, avec mépris par Napoléontine.

— Mon Dieu, mademoiselle, lui dit le parfumeur quelque temps avant l'orgie de

Saint-Maur, vous prenez une peine dont je vous dispense volontiers : vous avez été élevée loin de la maison ; on est tout-à-fait habitué à ne vous y point voir; et les gens qu'on ne voit pas d'ordinaire sont quelquefois gênans, tout en affectant d'être polis...

—Mon père, répondit Agathe en pleurant, je ne viendrai plus que lorsque vous me manderez...

—Vous ferez bien, mademoiselle, dit Napoléontine en intervenant dans la conversation; nous vivons avec une société choisie, dont vous ignorez les manières; vous feriez tache dans notre salon.

—Soyez tranquille, ma sœur, je me dispenserai d'y paraître... Et je prierai Dieu que vous ne fassiez pas tache dans notre famille. Après cette répartie, déjà trop justifiée par l'extrême légèreté de Napoléontine, sa cadette sortit en faisant une profonde révérence à son père.

Mais cette rupture, qu'elle eût voulu éviter à tout prix, causait une vive douleur à la sensible Agathe; les deux Frémont mettaient tout en œuvre, depuis quelques jours, pour l'en distraire. Jules, surtout, tâchait, par les raisonnemens les plus pathétiques et les plus chaleureux, tour à tour, de faire descendre la consolation dans ce cœur ulcéré; et ce fut dans un de ces élans d'éloquence passionnée qu'il ajouta:

— Je le sais, bonne petite Agathe, il est pénible de se dire:«J'ai un père, j'ai une sœur, et mon cœur est orphelin...» Mais un père, le mien vous en tiendra lieu; et, croyez-moi, poursuivit Jules en pressant la main qui s'appuyait sur son bras, un époux aime encore mieux qu'une sœur...

— Un époux, Jules, qui donc voudra

devenir le mien?. Hélas! ajouta-t-elle avec un faible sourire, il faudrait pour cela prendre au sérieux le contre-pied de Zémire et Azor.

— Non, Agathe, il ne faut prendre au sérieux que le serment que je vous fais de n'avoir jamais d'autre femme que vous... A moins, ajouta-t-il avec une modestie sincère, à moins que vous ne puissiez m'aimer.

Agathe s'arrêta, et portant sur Frémont un œil beau de tendresse et de candeur, elle répondit :

— Ne pouvoir vous aimer, Jules ! je ne saurais donc pas apprécier cette bonté, cette vertu, cette générosité que toutes vos actions proclament ? Mais ces vertus peuvent être abusées aujourd'hui par la compassion : l'amour dont vous me parlez, mon ami, c'est la pitié.... La pitié qui, dans un cœur comme le vôtre, va jusqu'à la magnanimité, et qui sait immoler même une profonde répugnance pour exercer une charité. Mais je ne souffrirai point qu'un tel sacrifice s'achève... Regardez-moi, Jules, car vous ne m'aviez pas encore regardée, j'en suis sûre, quand le mot d'amour est venu s'égarer sur vos lèvres...

— Agathe, répondit gravement le jeune avocat, vous m'accordez quelque vertu, pourtant vous me traitez comme ces hommes légers qui ne s'éprennent que des superficies, et n'acquièrent au pied de l'autel qu'une propriété de séductions. Sous ce rapport même, je pourrais vous regarder long-temps sans que ma résolution fléchît : la nature n'a mis nulle part le type absolu de ce qui doit plaire, et mon amour, en se contentant du témoignage des yeux, justifierait encore son choix. Si la matière, sous laquelle bat un cœur noble, s'élaborent d'exquises sensations, se forment de généreuses pensées, peut captiver par des charmes indépendans de son essence, je trouve en vous les attraits de la forme, préférables à ceux du lustre. Dites, dites, Agathe, ce beau corps qu'un médecin habile, Phidias d'une argile vivante, remania avec tant de bonheur, n'est-il pas aujourd'hui un modèle parfait? Et vos traits, que vous calomniez, n'ont-ils pas l'expression qu'on achetèrait au prix de la beauté même?... Croyez-en donc, chère Agathe, cette loyauté que vous daignez reconnaître en moi, ce n'est point un ami faisant faste de sa générosité qui veut être votre époux; c'est un amant, un amant enivré, comme ils devraient l'être tous, des émanations d'une belle ame; et cette affection durera autant que ma vie, car l'âme reste jeune dans son enveloppe vieillissante : l'amour qui émane d'elle participe de son immortalité...

— Jules, que vous dirai-je? répondit mademoiselle Desmarçs en s'appuyant avec intention sur le bras de son conducteur... Je ne puis combattre des paroles qu'il m'est si doux de croire sincères...

—Et votre cœur, reprit avec feu le jeune Frémont, il se donnera donc à moi?...

—Il se donnera... Jules, le mot est dur... Vous l'avez dit, mon ami, votre père est le mien depuis que ma pauvre mère s'est éteinte dans mes bras.... Mais l'amour que je lui portais et celui qu'une sœur ingrate a repoussé, qui donc, méchant, le posséderait, sinon l'excellent ami de mon enfance, celui à qui je ne donnerai point mon cœur, parcequ'il l'a depuis long-temps...

—Ah! chère Agathe, que cet aveu me rend heureux! Dès aujourd'hui je vais découvrir à mon père l'amour que vous m'avez inspiré, que vous partagez... Je connais le fond de sa pensée : il ne veut que mon bonheur; il brûle d'assurer le vôtre; nous pouvons tout espérer de lui... Par notre mariage, il sera...

— Aussi heureux que vous, mes enfans, dit l'ancien négociant, qui sortit tout-à-coup d'un massif d'arbustes étrangers. J'ai tout entendu : vos sentimens répondent à ma plus chère espérance ; ils acquittent l'engagement sacré que j'ai pris au lit de mort de madame Desmares, et votre union va légitimer enfin les démarches qu'il est temps de faire, bonne Agathe, pour prévenir la ruine de votre sœur. Je dis de votre sœur ; car, pour vous, grâce au ciel, nous ne sommes pas dans la nécessité d'arracher, à force de chicane, ce qui vous revient du bien de votre mère. Je donne à mon fils quatre cent mille francs en mariage : avec cela, je crois qu'il peut attendre que les cliens lui arrivent au barreau de la cour royale, et, selon la coutume providentielle, ils lui viendront, précisément parce qu'il pourra s'en passer. Mais j'ai promis à la pauvre Rose d'étendre ma protection à Napoléontine, qui, me disait-elle, en aura d'autant plus besoin qu'elle la méritera moins. Or, je vous le répète, il en est temps, je vais mettre les fers au feu, et la demande de la main d'Agathe va m'en fournir l'occasion.

La conversation en était là, lorsqu'un bruit confus de voix, de chevaux, de voitures, attira nos trois discoureurs sur une petite terrasse dominant la Marne, et d'où ils virent qu'une nombreuse compagnie sortait du château voisin. La curiosité n'est un défaut que quand elle tend à nuire; je la tiens pour excusable comme distraction, et d'une distraction peut sortir un résultat utile.... Vous allez voir.

— Il paraît, dit Frémont père, qu'on s'est bien amusé hier chez le comte d'Aiguerande; tous ses convives, qui vont défiler là sous notre terrasse, ont le visage bien pâle, bien défait. Quel viveur, quel roué que cet homme!...

— Mon père se fait, par malheur, un grand honneur de le recevoir, dit Agathe en secouant la tête : lui, mademoiselle Amanda et un maître de piano fort mal famé, voilà pourtant la société habituelle de Napoléontine; celle que la pauvre enfant, plus à plaindre, hélas! qu'à blâmer, appelle le beau monde...

— Eh! mais, que vois-je? s'écria Jules en désignant une des calèches découvertes qui sortaient du château, c'est Napoléontine elle-même que j'aperçois dans cette voiture...

— Vraiment oui, affirma Frémont père en s'aidant d'un lorgnon, Napoléontine et mademoiselle Amanda, avec des visages tout aussi fatigués que les autres pour le moins...

— Ah! mon Dieu! murmura Agathe avec un profond soupir; comment mon père peut-il mener sa fille chez un homme dont la réputation est si mauvaise !

— La mener.... reprit l'ancien négociant, dites donc l'envoyer, mon enfant ; car je ne vois pas Desmares, et toute la société est sortie... Oui, voilà qu'on ferme la grille....

— Il y a plus, dit Jules avec une vive émotion, cette société me semble étrangement composée..... Toutes ces femmes me sont connues : elles appartiennent aux chœurs et aux ballets de l'Opéra...

— Ciel! que m'apprenez-vous? s'écria la tremblante Agathe; et ma sœur est mêlée parmi de telles créatures!... Dites-moi, je vous prie, monsieur Frémont, continua mademoiselle Desmares avec chaleur, madame d'Aiguerande habite-t-elle ce château ?...

— Non, mon enfant, la comtesse, presque toujours malade, est aux eaux depuis six mois....

— Monsieur, c'est un piége... Ma sœur, ma pauvre sœur!... Hélas! l'ame de notre bonne mère a-t-elle veillé sur elle!...

— Chère petite, je ne sais, dit tristement Frémont; mais c'est un faible secours que celui des morts contre les attaques des vivans.. Cachons-nous un peu sous le berceau qui termine la terrasse; les voilà enfin arrangés dans leurs calèches; ils vont passer sous nos yeux; je ne veux pas qu'ils nous voient : ils croiraient que nous les épions.

Nos observateurs, réfugiés sous le berceau, virent, à travers la feuillée, défiler les voitures au pied de la terrasse. Celle où se trouvait Napoléontine était la dernière, et avant qu'elle passât, le trio de la charmille put entendre les discours peu édifians des autres convives.

— Votre part de plaisir n'a pas valu la nôtre, disait l'une des nymphes à une femme aux regards hardis, beaucoup plus âgée qu'elle ; mais pour vous ont été les honneurs, madame la comtesse d'Aiguerande..... ah! ah! ah!

— Riez, riez, mesdames; mon partenaire valait bien les vôtres... un chasseur basque... moins d'élégance ; mais plus de réalité.

— Convenez aussi, reprit l'autre, qu'il est fort agréable, pour un premier sujet de madame Saqui, d'avoir eu, pendant vingt-quatre heures, un beau titre ailleurs que sur son théâtre d'acrobates.

— Ne suis-je pas, tous les soirs, princesse, fée et même déesse?

— Oui, de six heures à onze; puis à onze heures et demie, votre altesse, votre majesté ou votre divinité soupe d'un morceau de fromage d'Italie, avec monsieur paillasse.... ah! ah! ah!

— Quelle infâme intrigue, dit Jules avec

indignation ; ils ont fait jouer à cette femme le rôle de la comtesse d'Aiguerande, sans doute pour abuser votre sœur..... Pauvre enfant !... je crains bien...

— La voici, interrompit Frémont père... Le galant comte s'est intercalé entre elle et la tendre Amanda... Hé bien, c'est cela, liberté tout entière; son bras ceint la taille de Napoléontine Hum! ajouta-t-il tout bas à l'oreille de Jules, cette jeune personne-là... hum! hum!

— Monsieur Frémont, mon bienfaiteur, dit Agathe d'une voix étouffée par la plus vive agitation, de grâce, menez-moi ce soir à Paris; il faut que je voye Napoléontine, que je lui révèle le danger qui la menace, si elle l'ignore, et que je l'arrache du précipice si elle y est tombée.... C'est un devoir, un devoir impérieux, monsieur. Je braverai, pour le remplir, l'injuste colère de mon père, la haine de ma sœur, les mépris de cette Amanda, qui va la perdre, et qui l'a peut-être déjà perdue... Ah! monsieur, ah! mon cher Jules, partons, partons, courons au secours de Napoléontine... je vous le demande à genoux... Et elle allait se précipiter aux pieds de messieurs Frémont, quand ils la retinrent à l'envi.

— Contraste frappant..! Sublime éclat qui jaillit de la vertu, opposée au vice! s'écria Jules d'un accent inspiré... Mon Agathe, mon adorable Agathe, ce mouvement de ton noble caractère porte mon amour jusqu'à l'exaltation... Oui, nous allons nous rendre à Paris; je t'accompagnerai, moi, et malheur à qui oserait te manquer...

— Je veux être aussi du voyage, dit l'ancien négociant; laissons passer cette volée d'étourneaux, et ce soir, à la brune, nous débarquerons rue de Richelieu. Vous, ma fille, vous remplirez auprès de Napoléontine votre mission charitable, tandis que Jules et moi formerons notre demande en mariage. Si le parfumeur se montre raisonnable, tout s'arrangera à l'amiable ; mais, morbleu! gare la bombe, s'il chicane son consentement.

A sept heures, les deux Frémont et Agathe montèrent en calèche; car le commerçant retiré avait aussi une calèche. C'est un des résultats incontestables de notre révolution d'un demi-siècle qu'un roturier puisse avoir équipage, sans qu'on y trouve à redire..... conquête superbe qui prouve que les avantages réservés jadis aux familles illustres, avec raison quelquefois, sont devenus, grâce au sacrifice de deux millions d'hommes, le partage du premier... citoyen méritant peut-être... Oh! bien, oui! du premier venu, s'il est riche. Les honneurs, les dignités, la considération appartenaient à la noblesse, par force de privilége ; maintenant, le plus alerte, le plus intrigant, le plus vil, le plus fripon les attrape et les retient le mieux.... Peuples, battez-vous donc cinquante ans pour obtenir une si belle amélioration !

Frémont avait gagné sa voiture, lui, par une industrie longue, laborieuse et loyale... Roule, honnête négociant, le bien-être t'est légitimement acquis. Il roula si vite ce soir-là, qu'en moins d'une heure et quart il vint de Saint-Maur à Paris.... Quand la calèche s'arrêta rue de Richelieu, Desmares était sorti pour faire sa partie quotidienne ; mademoiselle Amanda se tenait dans sa chambre, et Napoléontine venait de se coucher. Il ne se trouvait au magasin qu'un jeune commis, qu'on avait pris récemment pour aider la demoiselle de comptoir.

— Il faut absolument que nous voyions votre patron, dit Frémont père au jeune parfumeur ; nous sommes ici pour des affaires de haute importance... Envoyez-le prier de venir, mon garçon...

— Je vais lui expédier notre portier, répondit le commis ; mais je crains bien qu'il ne soit fort mécontent : il n'aime pas à être dérangé pendant une partie... L'autre jour, cela lui arriva, et, le lendemain, il nous dit qu'il n'avait fait que bouder le reste de la soirée.... Vous prenez donc sur vous le hasard de sa mauvaise humeur...?

— Oui, oui, mon garçon, je me charge d'arranger l'affaire... Envoyez vite.... Nous attendons.

Pendant ce colloque, Agathe avait monté l'escalier, et, décidée à braver la mauvaise humeur de Napoléontine, elle était entrée brusquement dans sa chambre. Mademoiselle venait, en effet, de se mettre au lit... Vous savez, lecteur, que ce repos prématuré est bien excusable.

— Qui est là, dit la victime du comte d'Aiguerande d'une voix faible et traînante, lorsqu'elle entendit entrer...

—Moi, ma sœur, Agathe ; je viens de trois lieues exprès pour vous voir : notre entrevue est indispensable.

—Mon Dieu, mademoiselle, répondit Napoléontine en tirant son rideau avec violence, jusques à quand prétendez-vous m'obséder?... C'est affreux.... cela cause un dégoût inexprimable...

—Calmez-vous, ma chère, et tâchez de m'écouter sans bruit... Une esclandre arrêterait bien malheureusement les révélations, importantes pour vous, pour vous toute seule, que je viens vous faire... Au nom de votre bonheur, écoutez-moi.

Ce ton calme, presque solennel, produisit l'effet qu'Agathe en attendait. Napoléontine, sur son séant, montrant un sein flétri par les débauches d'une nuit, parut un peu intriguée; une expression de vague inquiétude se répandit sur son visage. Ses traits pâles, détirés, ses lèvres blanches, ses yeux cernés faisaient mal à voir, éclairés par sa petite lampe de nuit.

— Je vous écoute, dit-elle avec préoccupation

— Napoléontine, reprit Agathe à voix basse, je vous aime, je vous ai toujours aimée, quoique vous ayez cru sans doute que je ne pouvais opposer que l'aversion à la haine....

— De grâce, mademoiselle, trêve de protestations... Je veux bien vous entendre ; mais pas de préambule, pas de sermon, je puis dormir sans cela, car j'en ai besoin.

— Je le sais, ma sœur, reprit Agathe d'un ton grave. (Napoléontine la regarda fixement.) Elle continua : Vous avez passé vingt-quatre heures au château du comte d'Aiguerande.

— Avec la permission de mon père, mademoiselle... Et, si votre critique malveillante....

—Napoléontine, interrompit la fiancée de Jules, si la malveillance me guidait, je ne vous parlerais pas si bas. Oui, mon père vous avait permis cette partie de campagne, parce qu'il croyait la comtesse présente à Saint-Maur...

— Eh bien! n'y est-elle pas?

— Vous l'avez cru d'abord; mais vous savez maintenant que ce rôle a été rempli par une actrice du théâtre Saqui... Madame d'Aiguerande est aux eaux.

— Ainsi, mademoiselle, vous passez votre vie à m'espionner...

— Nullement, ma sœur; la maison de campagne de monsieur Frémont, que nous habitons en ce moment, touche au château du comte; vous voyez qu'il est tout simple que je sois informée, et par malheur, je ne le suis pas seule.

— Horrible malice cachée sous une fausse sollicitude! Quel mal y a-t-il que je sois dans le château d'un homme marié, d'un âge mûr, jouissant d'une haute considération, et qui est mon parrain; quand vous-même demeurez avec un jeune homme de vingt et un ans?... En vérité, il serait plaisant que vous prétendissiez que, placée dans une situation plus équivoque que la mienne, vous soyez pure comme une blanche colombe, et moi coupable.

— Je crois, Napoléontine, que la différence

est facile à saisir : je suis chez mon parrain parce que mon père, vous le savez, m'a repoussée, et que ce même parrain est le protecteur, universellement vénéré, que m'a donné notre pauvre mère à son lit de mort. J'ajouterai, ma sœur, que ma laideur extrême, qui fut si souvent l'objet de vos mépris, me garantirait de tout danger, quand même je n'en serais pas mieux garantie encore par des principes de sagesse dont personne, que je sache, n'a encore osé douter. Enfin, je vous dirai que ce jeune homme de vingt et un ans, accompagné de son père, demande, à l'heure où je vous parle, ma main à monsieur Desmares.

— Vous, l'épouse de Jules Frémont ! s'écria Napoléontine avec un éclat de voix....

— Oui, ma sœur : jusqu'ici la vie fut pour moi un désert aride, tandis que la vôtre était une vallée délicieuse ; j'arrive au climat où croissent les fleurs..., et je voudrais bien vous empêcher d'en sortir... Apprenez donc, car on nous a tout dit à Saint-Maur (les valets ont été indiscrets comme toujours); apprenez que toutes les femmes avec lesquelles vous étiez sont des danseuses de l'Opéra, à l'exception d'Amanda, qui, franchement, ne vaut pas mieux qu'elles; apprenez que l'abandon de votre long dîner a été redit ; que les épisodes mêmes en sont divulgués ; qu'il est à ma connaissance que d'Aiguerande vous a emportée de table entre ses bras....

— Agathe, ne dit-on rien de plus? s'écria mademoiselle Desmares l'ainée, devenue blanche comme son drap....

— Non, chère Napoléontine ; là s'arrêtent les indiscrétions des valets. Mais, de grâce, enlève-moi un horrible cauchemar, en me disant que là aussi se sont arrêtées les témérités du comte....

Tandis qu'Agathe parlait, le sein de sa sœur, qui s'était gonflé et qu'elle entendait battre, s'abaissait incessamment; un léger coloris reparut sur les joues de Napoléontine, et son impertinence revint avec sa sérénité.

— Vous avez fini, n'est-ce pas? dit-elle avec un regard courroucé; votre méchanceté infernale n'a pas osé lancer une dernière calomnie... c'est heureux... Voilà donc ces belles révélations que vous prétendiez avoir à me faire, dans l'intérêt de mon honneur... Un tissu de faussetés, montrant l'essor d'une gaieté innocente sous l'aspect d'une suite de libertés coupables ; un mensonge calomnieux, où l'on substitue des danseuses à des dames de la cour ; une fable dans laquelle un simple évanouissement, causé par la chaleur, prend le caractère d'un attentat contre ma pudeur..... Ne devriez-vous pas mourir de honte après avoir imaginé une trame aussi noire, et cela sans doute pour me perdre dans l'esprit de mon père, afin d'en obtenir une dot grossie du bien qu'il me ravirait... Mais ne vous flattez pas de le persuader ; car il m'aime et vous hait..... Sortez, mademoiselle, sortez de ma chambre, et que je ne vous revoie jamais.

—Napoléontine, dit Agathe en se levant, j'avais espéré que vous étiez restée au bord du précipice ; mais je viens d'entendre le langage d'une profonde corruption... Je sais juger les cœurs par le sens des paroles, voyez-vous : — durant les longues années que j'ai passées sur un lit de douleur, j'ai appris à peser les mots, à distinguer les passions au timbre de leurs intonations... Vous êtes une fille perdue... Mon père, Dieu m'est témoin que je n'eus jamais l'intention de lui révéler vos fautes ; il les apprendra trop tôt... Et quant aux vues cupides que vous me prêtez, c'est une supposition trop niaise pour que je m'y attache... Adieu, ma sœur ; malgré votre injustice révoltante, je n'éprouve pour vous que de la pitié; et quand vous aurez touché le fond de l'abîme, quand vous reviendrez flotter, errante et ballottée par l'adversité, à la surface du goufre qui vous engloutit, ma main sera ouverte pour vous en tirer.

Napoléontine ne répondit point : le ton solennel d'Agathe, ses regards perçans, son attitude noble, et la vivacité énergique de son geste paralysaient la langue de sa sœur; elle était comme sous l'empire d'un charme. Mademoiselle Desmares cadette regarda l'infortunée d'un œil attendri, soupira plusieurs fois, s'avança lentement vers la porte et sortit.

VIII.

Prostitution.

Jules Frémont est depuis plusieurs mois le mari d'Agathe : je vous ai sauvé les détails fastidieux des précédens matrimoniaux ; je vous ai surtout épargné la narration dégoûtante des pourparlers entre les deux pères ;

sachez seulement que le vil parfumeur, non content d'avoir refusé seize ans sa tendresse à sa vertueuse fille, n'a voulu consentir à son bonheur, assuré par un étranger, qu'au prix de l'inscription de rente déposée par l'empereur sur le berceau d'Agathe. Frémont se révoltait contre un pareil sacrifice : ce n'est pas, disait-il, ce que j'ai promis à madame Desmares. Ce à quoi Jules répondait : Mon père, vous faites plus que vous n'aviez promis ; nous sommes riches de biens, ne retardez pas nos richesses de félicités.

Quant à Napoléontine, son indigne conduite avec sa sœur avait blessé l'honnête négociant au vif ; il s'était dispensé d'étendre jusqu'à elle une sollicitude dont elle ne lui eût pas su gré, et qu'elle ne méritait pas. Du reste, monsieur et madame Frémont jeunes eurent un moment le dessein d'éveiller l'attention de Desmares sur les déréglemens de sa fille aînée : peut-être était-ce à la rigueur un devoir pour eux. Mais, en songeant que cette démarche serait à coup sûr mal interprétée par le stupide parfumeur ; en se persuadant, d'après l'expérience du passé, que cet homme déverserait sur eux tout l'odieux de leurs assertions, dépourvues de preuves assez claires pour frapper cet esprit étroit et prévenu, ils prirent le sage parti de s'abstenir, et laissèrent courir Napoléontine à sa perte absolue, dont l'éclat seul pourrait éclairer son père.

Cependant l'intrigue de monsieur d'Aiguerande avec sa filleule continuait : il avait obtenu de l'aveugle Desmares la permission d'emmener Napoléontine à la campagne, où l'insensée s'abandonnait, avec toute l'ardeur d'une imagination sans frein, à la plus hideuse prostitution. Mais ce n'était point à Saint-Maur que les amans s'étaient rendus :

le voisinage dangereux des Frémont leur avait fait abandonner les bords de la Marne pour ceux du Loiret. Le comte possédait près d'Orléans un second château, où la comtesse vivait, disait-il, tandis que, fatiguée des déréglemens de son mari, elle s'était retirée en effet dans ses propriétés personnelles, au fond de la Provence. Ainsi, la pauvre femme se trouvait, sans le savoir, complice d'un libertinage qui faisait le malheur de sa vie.

Pendant toute une saison, mademoiselle Desmares vécut conjugalement avec son séducteur. Amanda, qui, disait-elle, ne voulait pas faire le candélabre en Gâtinais, n'y avait passé que huit jours, puis elle était revenue faire mieux à Paris. Or, il arriva ce qu'on voit toujours arriver aux êtres que l'empire des sens a rapprochés, sans que le cœur ait été consulté : Napoléontine se lassa d'un homme dont l'âge formait trois fois le sien ; homme qui, las lui-même d'une fille sans esprit, sentait le besoin d'une nouvelle conquête, et faisait peu de frais pour plaire à celle qu'il possédait. Tous deux aspiraient donc à une rupture : Napoléontine l'eût volontiers brusquée pour voler à de nouvelles amours, car elle était profondément dissolue. Mais son expérience, si vite parvenue à la philosophie du vice, était encore inhabile à juger de ses résultats. Aiguerande savait que la fille du parfumeur portait dans son sein le fruit d'un amour coupable; elle l'ignorait. Cette situation délicate commandait au gentilhomme de la chambre certains ménagemens : on faisait croire aisément à Desmares que, durant le séjour de Napoléontine en Gâtinais, la comtesse lui inculquait des principes de dévotion qui, au bienheureux temps de la restauration, étaient des élémens de fortune; mais, malgré sa stupidité, il eût été difficile de lui persuader qu'une grossesse pût résulter de ces soins pieux.

Un esprit de cour ne flotte pas long-temps dans une sphère d'intrigues sans se fixer : le comte, un matin dans son parc, se frappa soudain le front en disant : M'y voici ; je tiens un expédient héroïque ; d'un seul coup je sors d'embarras par un scandale éclatant, dont tout l'odieux retombe sur la petite ; et je jette au port de ses vœux cette coquette surannée d'Amanda... Vite, écrivons-lui, et que l'exécution suive de près la pensée. Aiguerande courut à son cabinet pendant que Napoléontine dormait encore, et voici la lettre qu'il traça, sous l'influence de l'inspition du parc :

« Nous atteignons, ma bonne Amanda,
« deux résultats de genres différens : savoir,
« une grossesse que nous n'avons pas assez

« prévue, et l'occasion infaillible d'achever
« votre mariage. Vous savez qu'avant le jour
« où je l'initiai aux charmans mystères,
« Napoléontine, grâce à vos avis féconds,
« était sur le point d'obtenir l'initiation des
« soins empressés d'un maître de piano fa-
« shionable, que j'ai dépisté en vertu de
« ma dignité de comte, et du resplendissant
« éclat de mon habit brodé.... Les petites
« filles, comme les alouettes, se laissent
« prendre aux hochets que l'oiseleur fait
« briller pour les attirer dans ses lacs. Il
« faut aujourd'hui, ma chère, rallumer,
« dans notre intérêt commun, ces feux com-
« primés.

« Envoyez-moi, je vous prie, le pianiste,
« qui, je crois, n'a pas un grand nombre
« d'écolières, et qui ne sera pas fâché de
« passer un mois dans ma terre, surtout
« quand il concevra l'espoir d'y renouer une

« intrigue dont il a déploré la rupture. Une
« fois qu'il sera ici, je laisserai les choses
« suivre leur pente naturelle ; puis, quand
« je verrai nos jeunes gens bien épris, j'ou-
« vrirai ma bourse à l'harmoniste ; et, lui
« montrant l'Angleterre comme une terre
« promise où les artistes peuvent exploiter
« largement leur talent, je lui dirai : Allez-y,
« mais emmenez Napoléontine. Je ne man-
« querai pas d'ajouter, comme vous le pen-
« sez bien, qu'un amant fatigué de sa maî-
« tresse en trouve, dans cet excellent pays,
« le plus avantageux placement.

« N'en doutez pas, le musicien se laissera
« prendre à ma triple amorce : mademoiselle
« Desmares ira faire à Londres un petit
« Anglais, enté sur tige napoléonienne....
« Hein ! qu'en dites-vous, Amanda, le trait
« ne sera-t-il pas piquant ?

« Cependant nous montons la tête au bon-

« homme Desmares contre sa fille chérie ;
« nous outrons son ingratitude, nous en
« faisons un petit monstre, indigne des
« bontés d'un si bon père. Dans ces entre-
« faites, vous ranimez tout ce qu'il y a en
« vous de séductions; vous donnez, passez-
« moi le mot, une portion extraordinaire
« d'avoine à votre amabilité ; vous vous
« mettez, si déjà la chose n'est pas faite, en
« mesure de maternité, et nous emportons
« votre mariage d'assaut.

« Adieu, prosternez-vous devant mon
« imaginative, qui m'eût porté haut à la
« cour d'un Louis XV, et jetez vite mon
« professeur de piano dans la diligence.
« Pourquoi ne l'accompagneriez-vous pas?
« Savez-vous, Amanda, qu'il y aurait là deux
« chances assez gentilles : les éventualités de
« la route, et les soins reconnaissans du sé-
« jour... A compte sur ces derniers, je vous

« envoie un baiser, que vous placerez où
« vous voudrez. »

Le comte avait calculé l'effet de sa mine en artilleur expérimenté : tout se passa comme il l'avait prévu. Amanda n'envoya pas, elle amena le jeune pianiste, qu'elle eût pu recommander avec garantie à Napoléontine. Je ne sais en vérité s'il eût le temps d'aspirer aux bonnes grâces de mademoiselle Desmares : elle avait une soif d'inconstance qui donna la victoire à l'artiste sans qu'il l'eût conquise; tandis qu'Aiguerande, à dessein inattentif, agitait, pour en tirer quelque chaleur, les étincelles du feu dont il avait brûlé jadis pour mademoiselle Amanda.

Huit jours après l'arrivée du musicien en Gâtinais, lui et Napoléontine étaient fous l'un de l'autre : ils éprouvaient ce paroxysme de la fièvre amoureuse, où l'on ne parle que d'aller vivre au bout du monde pour s'aimer au large; où l'on acheterait mille louis un cheveu de son amante ou de son amant; où l'on voudrait mourir tout de suite pour expirer ensemble : délire enchanteur; opium enivrant qui, comme celui des orientaux, énerve vite les sensations en les exaltant. Le comte comprit que, pour conduire à bon port son dessein, il fallait bien se garder de laisser retomber cette soupe au lait d'amour. Il fit briller cent louis aux yeux du jeune homme, les lui fit palper, et lui dit qu'ils étaient siens s'il voulait passer en Angleterre avec mademoiselle Desmares. Le rusé gentilhomme ne révéla point toutefois la situation de Napoléontine; il eût craint que cette condition ne parût trop onéreuse au pianiste. Celui-ci vit tout ce que d'Aiguerande lui montrait d'avantages aux rives d'Albion : Il crut, en artiste enthousiaste, que les sons allaient tomber de son instrument, réalisés en guinées, dans les concerts de Drury-Lane et de Chélsea ; puis, de son côté, il fit croire tout ce qu'il voulut à sa maîtresse passionnée.....

— Tous les soirs, nous ferons une moisson de pièces d'or, lui disait-il....

— Et puis après, une moisson de délices, répondait-elle.

— Nous donnerons des leçons à un louis le cachet....

— Nous ferons, tout près de notre couchette, des dîners délicats à un louis par tête....

— Le premier concert nous rapportera vingt mille francs....

— Vite, nous achèterons, pour toi, une belle épingle de diamans, pour moi, un cachemire de l'Inde.

— Le lendemain, on ne parlera que de la belle chanteuse....

— Et du joli musicien.

— Au second concert, la recette sera doublée....

— Alors, nous achetons une calèche, des chevaux, des diamans....

— Et l'avenir, Napoléontine.

— Ah! oui, c'est vrai, il y a un avenir... Eh bien! nous placerons notre argent chez un banquier....

— Et s'il fait banqueroute?

— Nous recommencerons à chanter et à jouer du piano, avec un courage renaissant.

— Chère amie, on dit qu'à Londres la fortune des artistes n'a qu'un sourire.

— Cela étant, nous revendrons nos diamans, nos cachemires, nos chevaux, notre équipage...

— Après, Napoléontine.

— Après?... Ah! m'y voici : nous nous tuerons ensemble... Ce sera charmant...

— Héroïsme que l'on tire, à deux sous le volume, d'un cabinet de lecture!... chère amie, nous serons prudens; et nous laisserons aux fous le dénouement où l'on jette un jour de désespoir dans l'éternité ou le néant, comme le joueur jette son dernier écu sur le tapis vert.

— J'ai pourtant entendu dire qu'il y avait grand plaisir à s'asphyxier.

— En pareille matière, j'ai l'habitude de croire sur parole.

— Quand partons-nous, bon ami?

— Demain; la nuit sera sombre...

— Oui, oui, c'est cela, et quand nous serons à Londres, nous nous ferons peindre drapés avec grâce, et fuyant, la nuit, à travers les bois... Vois-tu cela, toi? un ciel orageux, l'éclair sillonnant des groupes de nuages aux formes fantastiques.... Là bas, la lune glissant derrière un amas de vapeurs, comme un pâle fantôme...

—A merveille, ma Napoléontine, et si nos chances musicales s'épuisent, tu feras des romans, que nous vendrons bien cher, parce qu'en Angleterre la littérature ne tient pas, comme en France, le milieu entre l'industrie du cocher de fiacre et le savoir-faire du marchand de pommes-de-terre frites.... Ne ris pas, la comparaison est d'une rigoureuse exactitude : écrire, c'est s'habituer à rissoler la superficie sans s'inquiéter du fond; le livre, comme la pomme-de-terre, se vend sur le témoignage de son coloris, et sur le bruit qu'il a fait, à grande aide de journaux brûlans, dans la poêle de l'industrieux éditeur.

La nuit suivante, notre couple amoureux disparut; vous pensez bien que personne ne le poursuivit ; et quand il eut eu le temps de gagner Dieppe, d'Aiguerande et Amanda accoururent à Paris pour apprendre à Desmares ce *fâcheux* événement. Le vieillard jeta feu et flammes contre sa fille, non-seulement pour avoir fait une fugue avec son maître de piano, mais surtout pour s'être rendue indigne des bontés, de la sollicitude pieuse d'une aussi grande dame que la comtesse d'Aiguerande.

Le comte et sa perfide complice grossirent la colère du parfumeur de tout ce que leur prétendue indignation leur suggéra : l'ingratitude de Napoléontine, l'oubli dénaturé de la tendresse d'un si bon père, le déshonneur répandu sur son nom, pour prix de dix-sept ans d'une si rare sollicitude; enfin tout ce que la conduite de Napoléontine avait d'odieux fut peint sous les plus sombres couleurs... Manié, pressé, pétri par ces intrigans, le naturel du faible Desmares, pâte molle à laquelle on faisait prendre toutes les formes, devint un ressentiment haineux contre un enfant moins coupable que son père ; il maudit cette fille qu'il avait perdue lui-même par un aveugle amour, et conduisit sa demoiselle de comptoir à l'autel.

Finissons-en avec le parfumeur : après deux ans passés dans son nouveau ménage, il était complètement ruiné. Madame Desmares seconde, durant cette période, avait si chèrement alimenté son inextinguible tendresse, que le fonds de parfumerie, la maison de la rue Dauphine et le mobilier s'étaient fondus dans ses transports onéreux. Un beau jour, elle disparut avec le directeur d'une troupe ambulante de comédiens, qui l'avait aimée jadis, et qui l'engagea pour jouer les duègnes et les utilités. Chassé d'une maison dont il avait failli devenir autrefois le propriétaire, Desmares allait frapper, peut-être vainement, à l'hôpital ; car, grâce à notre excellent système administratif, le citoyen qui supporta pendant trente ou quarante ans sa part des charges publiques doit être protégé pour ne pas mourir de faim. Mais la Providence réservait une grande leçon au vieillard : Agathe, maltraitée, repoussée, dessaisie de son bien par l'auteur de ses jours, se retrouva sur son chemin au moment de sa ruine, et se jeta entre lui et la mendicité. Elle l'emmena dans sa maison, lui donna un appartement, une place à sa table, de l'aisance, des superfluités même... Ce fut une terrible vengeance.

IX.

Le Destin.

Madame Frémont la jeune, femme respectée dans le monde, épouse adorée, heureuse mère, avait deux enfans; le premier né était un garçon, le second une fille. Les vœux d'Agathe avaient encore été exaucés sur un point : son fils et sa fille ressemblaient à leur père, fort joli cavalier en vérité. Frémont venait d'entrer dans la magistrature en qualité de conseiller à la cour royale ; enfin la Fortune, se plaisant cette fois à combler de ses dons une famille qui savait en faire un noble emploi, envoyait au jeune magistrat l'héritage d'un oncle, mort aux colonies, et qui lui laissait sept à huit cent mille francs.

Dans cette situation prospère, Frémont père crut que le moment était venu de transmettre à sa belle-fille le dépôt précieux dont il avait été chargé par madame Desmares expirante : vous avez deviné qu'il s'agit du billet, de la bourse et des pièces d'or provenant de Napoléon.

—Nous serons fiers de ces reliques, dit-elle en les montrant à Jules.

—Oui, ma tendre amie, répondit le jeune conseiller, mais soyons-en fiers en secret :

les gages de la victoire des armes se produisent avec orgueil; ceux de l'amour doivent souvent se cacher. Je connais l'histoire de votre mère ; je vénère sa mémoire ; mais le monde croit difficilement qu'on demeure vertueux en présence des séductions couronnées, et le vice ne peut jamais être ennobli.

Quelle vie, si heureuse que Dieu la fasse, s'écoule sans nuages? pendant la première année du mariage d'Agathe, la déplorable célébrité que Napoléontine obtenait en Angleterre causa les plus vifs chagrins à sa vertueuse sœur. Elle n'ouvrait pas une gazette sans craindre d'y trouver un nouveau sujet de honte pour la famille Desmares, dont tout l'honneur s'était, hélas! réfugié en elle. Ces échos publics, abeilles avides dont tout scandale est le bûtin, lui avaient cent fois retourné le poignard dans le cœur, en montrant mademoiselle Desmares l'aînée d'abord battue par son amant, devenu père contre toutes les probabilités du calendrier; puis chassée ignominieusement par l'artiste, avec son enfant qui meurt dans ses bras; puis actrice au théâtre francais; puis mise à l'enchère par vingt lords, comme un coureur de New-Market; puis ouvrant un temple luxueux à la prostitution; puis volée par un compatriote, décoré du nom d'époux; puis compromise pour escroquerie au jeu; puis jetée dans un hôpital de vénériens; puis ensevelie dans un silence absolu, qui peut-être couvre une honte indélébile.

Agathe, à chacune de ces phases d'ignominie toujours croissante, avait senti augmenter le chagrin qui la dévorait; au bout de deux ans, sa santé en souffrit. Jules Frémont, ignorant ce qui se passait dans son cœur, conçut d'inexprimables alarmes en la voyant ainsi dépérir au sein d'une existence comble de prospérités ; il l'interrogea avec anxiété, et reçut enfin la confidence de ses tristes pensées et des craintes qui s'y mêlaient.

—Agathe, lui dit-il en l'embrassant, je devrais me plaindre d'un défaut de confiance qui me blesse ; quoi ! ton mari, la moitié de toi-même ignorait une de tes peines : il ne la partageait pas ; tu souffrais sans lui ?... Agathe, ce n'est pas bien...

—Pardonne-moi, mon ami, il y a tant de honte dans tout ceci...

—Il faut éviter que la dose n'en augmente. Nous partirons demain pour l'Angleterre, afin de chercher ta sœur... Oui, cela nous importe ; nous devons l'arracher au vice.... Il est si peu séparé du crime.

— Dieu veuille que Napoléontine n'ait pas franchi cette courte distance ! Hélas ! ceux qui l'ont élevée ne lui ont pas donné l'appui d'un seul principe sur cette route glissante.

— Heureusement, Agathe, la nature elle-même y pourvoit souvent. Mais il ne faut pas tarder davantage : nous voyagerons à petites journées, pour ne fatiguer ni toi ni ton cher nourrisson...

— Ah! mon Jules, si nous la sauvons, rien ne manquera plus à mon bonheur.

— Ame angélique! le ciel te doit le succès.

Quoiqu'ils eussent voyagé doucement, monsieur et madame Frémont arrivèrent à Londres après six jours de route, et dès le lendemain ils cherchèrent Napoléontine. Leur première démarche fut dirigée vers l'hôpital : l'infortunée y avait séjourné six mois, dévorée par une maladie terrible, qui s'était enfin guérie; mais en laissant, pour reliquat, à mademoiselle Desmares un tremblement et des vertiges périodiques, qu'une émotion puissante provoquait. On ne put donner aux époux aucun renseignement positif sur la direction que leur parente avait prise : seulement quelques malades, qui l'avaient connue, dirent qu'elle se proposait de retourner en France. Les recherches que monsieur et madame Frémont firent à Londres et dans toute l'Angleterre, avec l'aide de l'ambassadeur francais et de la police anglaise, ne leur procurèrent que des indications vagues et incertaines. Il paraissait néanmoins probable que Napoléontine était repassée sur le continent.

Désolés de l'inutilité de leur investigation, nos voyageurs se remirent tristement en route, après avoir visité superficiellement quelques établissemens curieux, quelques monumens historiques. Arrivés à Douvres, ils attendaient, dans une auberge, l'heure de s'embarquer. Près d'eux quelques négocians belges s'entretenaient de l'empereur Napoléon, sujet qui surgit de toutes les conversations, sous l'ardoise, sous le chaume, dans la rapide diligence, sur le tillac du navire plus rapide.

— Parbleu! dit l'un des Flamands, je rencontrai l'autre jour le portrait vivant du grand homme, cheminant à pied entre Bruxelles et Anvers...

— Bah! vous rêvez, Vandershede, répondit un interlocuteur, en poussant hors de sa bouche la fumée de son cigarre; parce que vous avez été capitaine dans les troupes de Napoléon, vous croyez le voir partout.

— Me prenez-vous pour un lunatique, Belmonde? J'ai bien rencontré une jeune femme ressemblant à l'empereur comme ce bouton de mon habit ressemble à son voisin... à telles enseignes même que la pauvre enfant boitait, et paraissait avoir grand mal au plus joli petit pied que j'aie vu de ma vie...

— Une jeune femme, dites-vous, monsieur? s'écria Agathe, qui s'était élancée devant l'étranger.... Vous en êtes sûr?

—Oui, madame, reprit Vandershede avec quelque surprise, aussi sûr que je le suis d'avoir l'honneur de vous voir en ce moment.

—Pardon, monsieur, poursuivit madame Frémont en rougissant un peu; veuillez excuser une précipitation presque brusque.... C'est que je suis bien interressée...

— Oui, continua Frémont qui s'approcha dans ce moment, nous cherchons depuis long-temps une personne ayant des rapports de ressemblance avec celle que vous désignez. Me permettez-vous, monsieur, d'oser vous adresser quelques questions...

— Vraiment, monsieur, je suis votre serviteur; vous êtes Français, je n'oublie pas que je le fus vingt-trois ans, et je suis toujours de cœur votre compatriote.

— Monsieur, nous avons eu, pendant la

période que vous rappelez, à nous féliciter souvent d'avoir les Belges pour frères d'armes..... Mais, de grâce, permettez-moi de revenir au sujet qui nous intéresse vivement: la jeune femme que vous avez rencontrée est-elle grande ?

— Comme madame.

— Ses cheveux ?

— Blonds.

— Ses traits ?

— Je vous l'ai dit, ceux de Napoléon : yeux bleus, vifs, saillans, nez assez long, bouche fraîche et fortement dessinée, menton un peu long et relevé ; mais un teint de femme, et dix-huit ou dix-neuf ans.

— C'est cela, mon ami, dit Agathe avec une profonde émotion.

— Encore une question, reprit Frémont; La voix, l'avez-vous entendue ?

— Oui, monsieur ; car la pauvre voyageuse

m'a demandé si elle était encore loin d'Anvers, et son accent a, dans l'intonation, quelque chose de celui de madame....

— Nul doute, c'est elle, dit la jeune femme; il faut nous embarquer pour Ostende.

— Encore un mot, reprit le magistrat; la personne dont il s'agit voyageait-elle seule ?

— Non, monsieur; elle était accompagnée d'un homme assez âgé, conduisant une voiture, qu'un mauvais cheval traînait péniblement; je crois qu'il y avait aussi un jeune homme derrière la charrette. Mais je dois ajouter que quinze jours se sont écoulés depuis que j'ai fait cette rencontre; maintenant cette femme doit être loin, si elle a toujours voyagé.

Après avoir remercié l'ancien officier, les époux s'embarquèrent pour la Flandre, au lieu de retourner à Calais; et comme il ne se trouvait point de navire prêt à faire voile vers la première destination, ils partirent sur un petit cutter qu'ils avaient frété. Nos voyageurs ne voyaient que l'objet de leurs recherches ; il m'est donc permis de courir, comme eux sans distraction, au but unique de leur voyage. A Anvers, où il e rendirent d'abord, on n'avait point vu la jeune femme ressemblant à Napoléon ; on ne l'avait vue dans aucune ville des Pays-Bas, que notre couple investigateur parcourut dans toutes leur étendue. Il passa l'Escaut ; en Hollande, même ignorance sur cet être fugitif, qu'une personne avait vu pourtant ; car les renseignemens que Vandershede avait donnés étaient d'une exactitude frappante.

Plus affligés que jamais après une vive lueur d'espoir, enfin évanouie, monsieur et madame Frémont repassèrent l'Escaut, et traversèrent de nouveau les Pays Bas ; ils rentrèrent en France. Le soir même de leur arrivée sur le sol de la patrie, ils s'arrêtèrent dans un village entre Mons et Valenciennes. C'était un dimanche; les paysans dansaient sous la feuillée; d'autres buvaient de la bière sous le pampre vert, qui, dans cette partie septentrionale du royaume, ne sert guère les buveurs qu'en leur prêtant son ombrage. Quelques groupes étaient arrêtés devant la tente d'un bateleur, écoutant une scène de tréteaux qu'il jouait avec son paillasse.

Madame Frémont, appuyée sur le bras de son mari, s'était avancée vers ce spectacle forain : ils s'amusèrent des discours du saltimbanque, qui n'était pas sans esprit.

— Mon ami paillasse, disait-il à son compère, l'usage des artistes de notre numéro est d'avoir de grands tableaux, dans lesquels on montre gros comme des bœufs les objets qui, dans la baraque, sont gros comme des rats...

Ce n'est point notre coutume à nous, mon ami paillasse....

— Non, maître, nous sommes d'honnêtes charlatans.

— Comme tu dis, mon garçon, rien à la porte ; mais là dedans, une huitième merveille du monde..... Oui, messieurs et mesdames, une merveille vivante encore... Entrez, entrez, suivez la foule... Deux sous, pas davantage... Avec deux sous on n'achète pas une maison de plaisance.

— Entrez, entrez, continuait le pierrot en marchant à grands pas sur sa planche : ne faites pas attention si monsieur le directeur file : il va exécuter l'ouverture à lui tout seul. Oh! c'est un sournois qui vous ménage une fière surprise, allez..... Je parie que vous voudrez donner deux sous de supplément après avoir vu ; eh, bien! s'il les accepte ce sera pour ne pas vous désobliger.... Entrez, messieurs et mesdames, entrez, et prenez-garde de vous écraser les pieds.

— Mon ami, si nous entrions, dit Agathe eu souriant : cet homme a piqué ma curiosité; que peut-il donc montrer derrière cette toile?

—Moins que rien, chère amie, répondit Frémont, et sa modestie est tout bonnement de la honte. Voyons cependant, ajouta le conseiller en jetant sur la table servant de bureau, une pièce de vingt sous, dont il ne prit pas le reste.

L'intérieur de la tente était garni de papier figurant des draperies ; les bancs accusaient le chêne dans toute sa dure nudité ; monsieur et madame Frémont se placèrent au premier rang, à cinq pas d'un théâtre d'environ deux pieds de haut, fermé par une toile bleue, au milieu de laquelle figurait la lyre classique. L'ouverture cria long-temps sous l'archet unique du chef d'orchestre directeur : le public, qui voyait dans la salle une recette de trois francs au moins, commençait à s'impatienter, lorsqu'enfin le rideau se leva.

La décoration représentait, assez fidèlement, un site de Sainte-Hélène : le même qu'Agathe avait dessiné pour sa mère, à l'âge de dix ans.... Elle poussa un profond soupir et serra le bras de son mari. Au fond du théâtre, sur une petite élévation, un personnage en habit vert, coiffé du petit chapeau, une lunette à la main, examinait des navires approchant de l'île : cette figure était exactement dans la position où mademoiselle Desmares avait peint autrefois Napoléon... De grosses larmes tombaient de ses yeux.

— Maintenant, sire, dit en ce moment le bateleur, avancez-vous, que le public vous voye.... Et le personnage s'avança.

— Ah! comme il ressemble à Napoléon, s'écrièrent en chœur tous les assistans....

— Et ce sont les habits du grand empereur, dit le cicérone d'une voix claire, qui fut bientôt couverte par une exclamation aiguë.

— Dieux! ma sœur! criait madame Frémont avec l'accent de l'ame.

Et déjà elle est sur le théâtre... Agathe et Napoléontine sont dans les bras l'une de l'autre.... Directeur et spectateurs restent ébahis, tandis que la scène attendrissante continue à travers maisons, arbres et promontoires, renversés par une irruption sentimentale tout-à-fait inattendue. L'épanchement des deux sœurs et la stupéfaction des témoins d'une si touchante reconnaissance furent muets quelques instans; mais à la vive pantomime, succéda le dialogue....

— Enfin, je te retrouve, chère Napoléontine, après deux mois de vaines recherches... dit Agathe en pleurant.

— Quoi! ce n'est point un songe, un prestige, répondit l'aventurière en inondant de larmes le sein de sa sœur; c'est bien toi, Agathe, toi qui me serre sur ce cœur que j'ai tant de fois blessé!... Ah! je rêve... les anges ne caressent pas ainsi les démons.

— Va, tout est oublié; le sort, le cruel sort m'a trop vengée : quand je ne lui demandais pour toi que le repentir, il t'a envoyé d'horribles adversités...

— Le repentir! il est venu, Agathe... Mais l'honneur ne reviendra plus.... Ah! malheureuse que je suis...

— Que c'est beau, que c'est tendre, disaient les paysannes en s'essuyant les yeux avec le coin de leur tablier...

— Oui, continuait un employé des douanes, l'oracle du village... Charmant drame: Marie-Louise rejoignant l'empereur à Sainte-Hélène... Quel dommage que ce ne soit pas un trait historique... Bravo! bravo! ça vaut bien notre argent.

— Le roi de Rome, le roi de Rome, s'écrièrent quelques spectateurs...

— Monsieur, dit tout bas Frémont au directeur, saisissez cette idée, et laissez croire à ces bonnes gens qu'ils viennent de voir le spectacle que vous leur destiniez... Il y a dix louis pour vous.

— Dix louis! c'est fort bien, répondit le charlatan à voix basse; mais j'ai un sous-seing avec cette dame, et nous avons stipulé un dédit....

— Bon! bon! vous aurez complète satisfaction...... Annoncez au public la fin du spectacle; promettez-lui le roi de Rome pour la prochaine représentation, et baissez la toile.

Tandis que notre directeur faisait cette annonce, le conseiller ayant saisi la ficelle qui faisait jouer le rideau, le laissa tomber devant sa femme et sa belle-sœur, encore livrées tout entières à leur doux abandon. Le public s'écoula on ne peut plus satisfait de la représentation ; chacun se retira sous son chaume en disant : C'était bien amusant, et j'y reviendrai, quand les places seraient à quatre sous.

Alors, le grave magistrat, relevant la toile qu'il avait baissée, tendit la main aux deux actrices, dont l'une venait à coup sûr de faire un début improvisé s'il en fût jamais. Il dit quelques paroles obligeantes à Napoléontine, qui, rouge, confuse, le sein agité, n'osait lever les yeux sur lui, et ne balbutiait que d'inintelligibles remercîmens. Puis le conseiller l'invita à reprendre ses habits, et à suivre sa sœur à l'auberge, où le bateleur consentit à souper avec les voyageurs. On quitta la baraque.

Vous concevez que le directeur éleva de

formidables prétentions, pour rompre son traité avec la malheureuse Napoléontine : elle voulait s'opposer à cette transaction onéreuse, dont elle se trouvait indigne. Jamais, peut-être, on n'avait vu tant d'humilité succéder à tant d'orgueil. Oh! le vent de l'adversité, comme il courbe le superbe!..... Monsieur et madame Frémont n'eurent, ainsi qu'on le pense bien, aucun égard aux humbles scrupules de leur sœur; sa liberté fut rachetée, moyennant quelques louis comptant, et une traite de mille écus que le conseiller donna au baladin sur son banquier de Paris.

Le lendemain, Agathe, heureuse d'avoir retrouvé l'infortunée qu'elle n'avait point cessé d'aimer, et Frémont, heureux du bonheur de sa femme, se mirent en route pour Paris, avec celle qu'ils rendaient à une vie, non pas calme, car le repentir est encore une fin d'orage, mais au moins exempte de vicissitudes. Agathe lui demanda une seule fois le récit de ses malheurs ; mais un torrent de larmes partit soudain de ses yeux, et elle s'écria d'une voix déchirante :

—Bonne sœur, n'exige pas que ma pensée se reporte vers ce tissu d'indignités hideuses... Laisse, laisse le voile du mystère étendu sur ma déplorable vie : qu'il te suffise de savoir que le vice, les humiliations de toute nature et la honte qui les suit, ont versé, goutte à goutte, dans mon cœur une expérience de fiel....

Et tandis qu'elle prononçait ces mots, à travers le bruit des roues, Agathe voyait les mains amaigries de Napoléontine trembler violemment ; et ses jambes s'agitaient entre celles de sa sœur. Celle-ci se rappela alors ce qu'on lui avait dit à l'hôpital, de l'infirmité restée à mademoiselle Desmares, après son affreuse maladie....

— Tu as raison, chère enfant, s'écria madame Frémont, désolée d'avoir provoqué cet accident; laissons là ce fatal sujet... Porte tes yeux vers l'avenir... Il est tout couvert de fleurs, comme notre joli jardin de Saint-Maur, que tu vas voir, et dont tu respireras le doux parfum...

— Agathe, Agathe, que parlez-vous de Saint-Maur? s'écria Napoléontine, dont le regard s'égara tout-à-coup.... Des fleurs.... oui, oui, sans doute... et dessous un serpent horrible.... Ah! cachez-moi, cachez-moi ce monstre... Ne voyez-vous pas son œil de basilic qui me menace? Puis la pauvre fille tomba, sans connaissance, au fond de la voiture...

— Chère amie, dit le conseiller en secourant sa belle-sœur, vous avez commis, bien innocemment, une grande imprudence : parler de Saint-Maur, c'était lui rappeler son séducteur et l'origine de toutes ses infortunes...

— Que je suis coupable ! dit Agathe en pleurant, elle va m'en vouloir...

— Non, non, bonne sœur, répondit Napoléontine qui, rappelée à la connaissance par le sel d'Angleterre, avait entendu le reproche qu'Agathe s'adressait ; non, ange d'indulgence et de bonté, le temps de l'injustice est passé.... Je le sais à présent, il n'y eut jamais une mauvaise intention dans ta pensée, jamais une parole amère dans ta bouche... Maintenant que voilà mon émotion passée, écoutez tous deux.... J'eus tous les vices ; je ne suis pure d'aucune faute : j'ai partout marqué de mon pied le champ de la corruption. Mais nul ne peut me reprocher de crimes ; je n'en ai même jamais souffert l'idée. On a parlé d'escroquerie : il s'agissait d'arracher à la cupidité d'un misérable mille guinées, qu'un lord avait déposées chez moi, après une soirée heureuse au jeu... Je couvris de mon corps la bourse que le scélérat voulait saisir... Tenez, poursuivit mademoiselle Desmares en découvrant son sein droit, sur lequel on voyait une large cicatrice, jugez à quel prix j'essayai de sauver cet or.... Mais le brigand, un homme que j'aimais pourtant, me précipita toute sanglante sur le parquet, s'empara de la somme et s'enfuit. Le lendemain, on dit que j'avais été poignardée en disputant ma part du vol... Voilà le destin.

Depuis ce jour, on évita soigneusement de ramener le souvenir de Napoléontine sur sa vie passée : tout le monde, dans la maison Frémont, participa à la lui faire oublier, à l'en consoler..... Tout le monde, excepté

Desmares, qu'elle ne voulut pas revoir....
J'implore tous les jours le ciel, disait-elle,
pour qu'il me pousse dans les bras de mon
père ; hélas ! Dieu ne lui a pas pardonné, car
il ne m'inspire pas la pensée de solliciter sa
bénédiction... Sans doute, elle serait impure
encore.

Mais une fois par semaine régulièrement,
mademoiselle Desmares disait à madame
Frémont : Agathe, allons prier sur la tombe
de notre bonne mère.. Tous ses regrets étaient
empreints dans ce peu de mots.

D'ailleurs Napoléontine priait partout avec
ferveur : elle passait des heures entières,
agenouillée sur les dalles de l'église ; disons
tout, elle était dévote : la religion est le refuge des cœurs tendres.

Napoléontine habitait depuis dix-huit
mois une jolie maison que Jules Frémont
possédait à trois lieues de Paris, sur la route

d'Allemagne; habitation où son beau-frère et sa sœur, à cause d'elle, restaient une grande partie de l'année. Là, cette pécheresse repentante passait sa vie dans les soins pieux, et dans les langueurs d'une mélancolie qui faisait mal à voir... Jamais un sourire ne venait éclairer sa jolie figure; ses yeux, d'un si bel azur, d'une eau si limpide, étaient ordinairement tournés vers le ciel, comme pour lui demander un asile contre des chagrins dont elle ne pouvait triompher ici-bas. La parole de Napoléontine, autrefois si impérieuse, était devenue douce, timide; son accent suppliait; quelquefois il pénétrait au cœur avec un sentiment de tristesse et de compassion. Pas une seule fois, dans l'espace de dix-huit mois, un signe d'humeur n'avait échappé à son naturel, suave comme une soirée de printemps : celle dont la jeunesse avait été deux ans une tempête, vivait maintenant de la vie des anges. Pauvre Napoléontine! comme le malheur la livrait souple et résignée au destin... Mais le destin !... il est immuable, inflexible : point de regrets, point de prières, point de larmes qui effacent, sur l'airain de ses tablettes, les arrêts qu'il a tracés.

Un soir de printemps, l'air était calme, le soleil se couchait dans un nuage d'or, et la brise du soir épandait dans l'atmosphère les émanations qu'elle avait ravies aux fleurs... La cloche laissait tomber ses sons clairs du clocher, au sommet duquel le coq tournoyant demeurait alors immobile : c'était le signal de la bénédiction qui se terminait. Napoléontine, tenant par la main le fils d'Agathe, sortait de l'église, et regagnait lentement la maison de son beau-frère, située de l'autre côté de la grande-route. Au moment où elle la traversait, un courrier, qui précédait de quelques pas une pesante voiture, que traînaient quatre chevaux, passa en criant à la poste :

— Un relais pour monsieur le comte d'Aiguerande, ambassadeur.

Le cavalier ne parle plus ; mais le nom qu'il vient d'articuler sonne dans la tête de Napoléontine comme un insupportable bourdon ; les maisons, les arbres, la route dansent devant ses yeux : c'est son vertige qui la prend.....

L'enfant, que le destin n'a pas condamné, lui, quitte la main de sa tante, et traverse la route en chancelant sur ses jambes débiles... Mais mademoiselle Desmares, qui n'a pu entendre le *gare* réitéré des postillons, tombe sur le pavé... La voiture passe.... une roue rencontre ce corps de vingt ans.... les os des deux cuisses et de l'épaule gauche craquent.. ils sont broyés... d'Aiguerande vient d'achever sa victime : elle expire en entendant une voix bien connue, une voix infernale, crier :

— Postillons, brûlez ce relais!

TOUCHARD-LAFOSSE.

FIN.

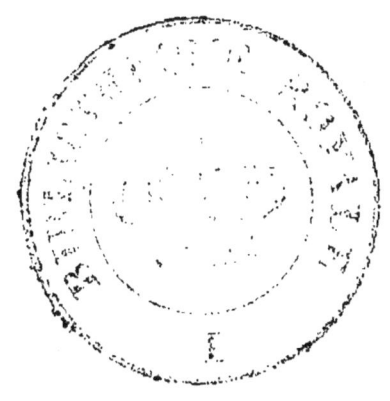

www.ingramcontent.com/pod-product-compliance
Lightning Source LLC
Chambersburg PA
CBHW050422170426
43201CB00008B/502